文管类本科毕业论文（设计）指导书

主编 张健东 岳 琴 于晓玲

清华大学出版社
北京

内 容 简 介

本书按照大连工业大学本科生毕业论文（设计）的撰写过程设计篇章结构，根据经管和文科类的特点，结合本科毕业论文（设计）的相关要求，分别从论文选题、内容构思、文献资料的搜集和整理、内容写作、格式规范等方面阐述毕业论文（设计）的写作。本书具有较强的实用性与针对性，既可帮助经管和文科类本科生全面掌握撰写毕业论文（设计）的技能和方法，克服论文写作（设计）实践中的盲目性，也有利于教师指导学生按规范要求完成毕业论文（设计），提升毕业论文（设计）的写作水平与整体质量。

本书可作为文管类本科学士学位毕业论文（设计）写作的指导书或参考书，也可作为社会各界人士提高论文写作能力的参考书，可为读者提高写作思维能力和语言表达能力提供切实帮助。

版权所有，侵权必究。举报：010-62782989，beiqinquan@tup.tsinghua.edu.cn。

图书在版编目（CIP）数据

文管类本科毕业论文（设计）指导书/张健东，岳琴，于晓玲主编. —北京：清华大学出版社，2024.6
ISBN 978-7-302-62512-4

Ⅰ.①文… Ⅱ.①张…②岳…③于… Ⅲ.①文化管理－毕业论文－写作－高等学校－教学参考资料 Ⅳ.①G642.477

中国国家版本馆 CIP 数据核字（2023）第 021865 号

责任编辑：冯　昕　苗庆波
封面设计：傅瑞学
责任校对：薄军霞
责任印制：宋　林

出版发行：清华大学出版社
网　　址：https://www.tup.com.cn，https://www.wqxuetang.com
地　　址：北京清华大学学研大厦 A 座　　邮　编：100084
社 总 机：010-83470000　　邮　购：010-62786544
投稿与读者服务：010-62776969，c-service@tup.tsinghua.edu.cn
质量反馈：010-62772015，zhiliang@tup.tsinghua.edu.cn

印 装 者：涿州汇美亿浓印刷有限公司
经　　销：全国新华书店
开　　本：185mm×260mm　　印　张：5.5　　字　数：121 千字
版　　次：2024 年 6 月第 1 版　　印　次：2024 年 6 月第 1 次印刷
定　　价：28.00 元

产品编号：100252-01

前言

本书按照毕业论文(设计)撰写过程,详细地阐述了毕业论文(设计)的选题、文献的搜集和整理,以及毕业论文(设计)的开题、写作、论文(设计)结构设计、修改、中期检查和答辩等环节的基本规范和基本经验。本书依据经管和文科类的特点,针对指导毕业论文(设计)中的常见问题,给予指导和建议。

本书共分为6章,第1章毕业论文(设计)选题,第2章文献综述与外文翻译,第3章毕业论文(设计)开题,第4章毕业论文(设计)中期检查,第5章毕业论文(设计)写作,第6章毕业论文(设计)答辩。本书既可作为普通本科院校和高职高专院校文管类专业学生毕业论文写作与答辩的主要参考,也可作为一般论文(设计)初写者阅读与学习的参考。

本书的出版得到了清华大学出版社的大力支持与帮助,也凝结了大连工业大学许多同仁的辛勤劳动和智慧。张健东为本书总策划,提出总体写作框架,并承担组织协调等工作。本书由张健东、岳琴、于晓玲、王金婷、潘晓玲编写。最后,由张健东、岳琴、于晓玲进行全书审核。

本书编写和出版得到了大连工业大学教务处的大力支持,相关学院有关师生在本书编写过程中提出了大量宝贵意见,在此一并表示感谢。

编 者

2024年3月

目 录

第1章 毕业论文(设计)选题 ·· 1
  1.1 毕业论文(设计)选题的基本要求及注意事项 ······················· 1
    1.1.1 选题的基本要求 ·· 1
    1.1.2 选题的注意事项 ·· 2
  1.2 毕业论文(设计)选题要求 ··· 3
    1.2.1 经管类专业毕业论文(设计)选题要求 ······················· 3
    1.2.2 文科类专业毕业论文选题要求 ································ 11
  1.3 毕业论文(设计)研究方法 ··· 16
    1.3.1 研究方法和分类 ·· 16
    1.3.2 研究方法的选择依据 ··· 18
    1.3.3 研究方法的应用 ·· 20

第2章 文献综述与外文翻译 ·· 24
  2.1 毕业论文(设计)的文献综述 ·· 24
    2.1.1 文献分类 ··· 24
    2.1.2 文献查阅方法 ··· 25
    2.1.3 文献综述的功能 ·· 28
    2.1.4 文献综述的写法 ·· 28
    2.1.5 文献综述的内容 ·· 29
    2.1.6 文献综述写作的注意事项 ····································· 29
  2.2 毕业论文(设计)的外文翻译 ·· 29
    2.2.1 外文翻译的写作要求 ··· 29
    2.2.2 外文翻译的注意事项 ··· 30

第3章 毕业论文(设计)开题 ··· 31
  3.1 毕业论文(设计)开题要求 ··· 31
    3.1.1 开题报告的相关要求 ··· 31
    3.1.2 开题报告的内容 ·· 31
    3.1.3 开题报告的写作要求 ··· 32

3.2 开题报告会 ……………………………………………………… 32
    3.2.1 开题报告会的安排 ……………………………………… 32
    3.2.2 开题报告会的要求 ……………………………………… 32
    3.2.3 开题报告会的评价 ……………………………………… 32

第4章 毕业论文（设计）中期检查 ……………………………… 34

4.1 毕业论文（设计）中期检查要求 …………………………………… 34
    4.1.1 学院自查 ………………………………………………… 34
    4.1.2 学校抽查 ………………………………………………… 34
4.2 毕业论文（设计）中期答辩 ………………………………………… 35
    4.2.1 中期答辩安排 …………………………………………… 35
    4.2.2 中期答辩材料 …………………………………………… 35
    4.2.3 中期答辩结果评定 ……………………………………… 35

第5章 毕业论文（设计）写作 …………………………………… 36

5.1 毕业论文（设计）的总体要求 ……………………………………… 36
    5.1.1 毕业论文（设计）的内容要求 ………………………… 36
    5.1.2 毕业论文（设计）的格式要求 ………………………… 37
    5.1.3 毕业论文（设计）的方法要求 ………………………… 37
5.2 毕业论文（设计）的构思和提纲的拟制 …………………………… 37
    5.2.1 构思和拟制提纲的要点 ………………………………… 37
    5.2.2 构思和拟制提纲的方法 ………………………………… 37
5.3 毕业论文（设计）的结构 …………………………………………… 37
    5.3.1 摘要 ……………………………………………………… 38
    5.3.2 目录 ……………………………………………………… 38
    5.3.3 正文 ……………………………………………………… 38
    5.3.4 致谢 ……………………………………………………… 38
    5.3.5 参考文献 ………………………………………………… 38
    5.3.6 附录 ……………………………………………………… 39
5.4 毕业论文（设计）的提交 …………………………………………… 39
    5.4.1 毕业论文（设计）提交前的自查项目 ………………… 39
    5.4.2 毕业论文（设计）的提交要求 ………………………… 39
5.5 毕业论文（设计）撰写的常见问题与指导建议 …………………… 40
    5.5.1 选题把握不准 …………………………………………… 40
    5.5.2 论文构架逻辑性不强、论证不足 ……………………… 40
    5.5.3 摘要撰写混乱 …………………………………………… 40
    5.5.4 行文不严谨 ……………………………………………… 41
    5.5.5 格式不规范 ……………………………………………… 41

第6章　毕业论文(设计)答辩 ··· 42

6.1　毕业论文(设计)学术不端检测 ····································· 42
6.1.1　检测方式 ·· 42
6.1.2　检测结果的性质认定及处理 ···························· 42

6.2　毕业论文(设计)抽检 ··· 42
6.2.1　抽检范围及比例 ·· 43
6.2.2　抽检结果反馈 ·· 43

6.3　毕业论文(设计)答辩的要求与程序 ·································· 43
6.3.1　答辩要求 ·· 43
6.3.2　答辩内容 ·· 43
6.3.3　答辩反馈 ·· 43
6.3.4　答辩的注意事项 ·· 43

6.4　毕业论文(设计)成绩评定标准 ····································· 44
6.4.1　毕业论文(设计)评分标准 ······························ 44
6.4.2　毕业论文(设计)综合成绩评定 ·························· 44
6.4.3　毕业论文(设计)评分细则 ······························ 44

6.5　毕业论文(设计)材料归档要求 ····································· 46
6.5.1　学生上交的毕业论文(设计)材料 ························ 46
6.5.2　归档材料要求 ·· 47

6.6　优秀毕业论文(设计)提交 ··· 47

附录A　毕业论文(设计)任务书模板 ······································ 48

附录B　外文翻译封皮模板 ·· 50

附录C　开题报告模板 ·· 51

附录D　中期检查报告模板 ·· 53

附录E　毕业论文(设计)排版规范要求 ··································· 55

附录F　优秀毕业论文(设计)汇编排版规范要求 ··························· 78

第1章

毕业论文（设计）选题

1.1 毕业论文（设计）选题的基本要求及注意事项

指导教师下达毕业论文（设计）任务书，并给出必要的任务要求，学生依据毕业论文（设计）要求，合理安排毕业时间，做好选题准备。

在选题方面，经管类专业应理论联系实际，注重应用性研究，以反映出学生综合应用专业知识分析和解决实际问题的能力。文科类专业可以选择基础理论研究，也可以根据专业需求选择应用型研究。文管类（文科类与经管类的统称）毕业论文（设计）的题目确定应避免题目涉及的内容过宽、过大，要注意词语的准确性，题目宜精练，要明确说明所研究的问题，要注意应用理论研究具体的实际问题，而不作纯理论性问题研究。

1.1.1 选题的基本要求

1. 注重选题与专业的契合度

选题与专业的契合度，是选题需要注意的首要问题。确定选题前，作者需要对专业相关的理论知识进行系统钻研与总结，对其专业方向始终有明确的把握，确保通过毕业论文（设计）的专项工作达到锻炼和提高自身专业素质的目的。

2. 兼顾理论价值和实际意义

毋庸置疑，文管类的研究要突出学术性，就必须强调现实性，理论价值和实际意义是毕业论文选题需要兼顾的。也就是说，选择现实性较强的题目，还要考虑其有无理论和认识上的价值，即有无普遍性的意义，能否进行理论的分析和综合，从个别上升到一般，从具体上升为抽象；而理论性较强的题目，也要兼顾是否能对亟待解决的文管类问题提供理论指引。

3. 遵循适应性原则

选题要充分考虑主观条件与客观条件，从实际出发，量力而行。主观条件主要根据个人的兴趣与爱好、知识水平和科研能力等统筹考虑。客观条件是指占有资料的充裕程度和指导教师的条件。实践证明，勉强为之的题目是不可能做出好的成果的。要么选题过大，过于空泛；要么选题过小，难以开展，二者都达不到实际效果。

4. 遵循创新性原则

对本科毕业论文(设计)而言,创新性是一项较高水平的质量要求。因为在有限的毕业设计时间里,在仅仅掌握最基本的专业知识的情况下,要完成一篇具有创新价值的本科毕业论文(设计),需要投入足够的时间和精力,才能对问题认识的广度和深度有充分的把握。当然,如果就某一问题或学术领域已经建立了一定的研究兴趣,同时,毕业论文(设计)选题也能够与自己的专业相结合,那么实现毕业论文(设计)的创新性是完全有可能的。

总之,在毕业论文(设计)选题过程中,学生应根据自己的专业和兴趣爱好,尽量选择自己较为熟悉的领域的题目进行写作,以便能够较好地把握和驾驭,把问题探讨得清楚和透彻,并注意与指导教师积极沟通,以便及时得到答疑解惑或把握方向。

1.1.2 选题的注意事项

1. 经管类

(1) 公司管理者面临的专业相关实践问题可以作为选题。这里的实践问题是具体到一个实际单位的具体问题,而不是笼统地讨论某一管理问题的一般原则。例如,"如何建设绩效管理体系"不是一个合适的题目,而"××公司绩效管理体系设计"更符合要求。

(2) 选题应具有可操作性。问题的解决方案的主要因素在企业/政府/机关事业单位层面,是论文作者能够触及的、切身感受到的、所能影响的,非论文主题设计的政策建议一般不适合作为题目,如"经济衰退情境下政府如何解决人力过剩"不是一个合适的题目,而"××公司人才流失的原因与对策"更符合要求。

(3) 行业报告一般不予采纳,可行性报告一般也不适合作为研究课题。扎实地分析一个行业,需要做大量的数据搜集整理、宏观环境预测、竞争动态分析等工作,在论文规定的时间框架内很难保证论文质量;但一份真实完整的企业计划书或调研报告等均可作为论文选题。

(4) 通过实证或实验研究方法,进行理论研究是可行的,如"××公司员工培训满意度研究",而仅仅是管理思想、管理理论方面的探讨则不被接受,如"现代人力资源薪酬管理理论探讨"。

(5) 任何题目的选择都需要得到指导教师的认可,否则不予接受。

2. 文科类

(1) 毕业论文的题目及内容应符合本专业的培养目标。结合学习和实践的实际,选择对本专业理论或实践具有指导意义、实用性的问题进行研究。

(2) 选题范围不可过大。涉及面过大则难以深入,只要在某一领域有自己的一得之见,或成功的经验,或失败的教训,或新的观点和认识,就可以作为选题。

(3) 立题要有新意。研究内容要避免完全重复别人的工作,鼓励跨学科研究。

(4) 不过于求新求异。选题时鼓励着眼于一些学术价值较高、角度较新、内容较奇的题目,但不要过于求新求异,盲目拔高。这不仅不能体现论文的学术前沿性,反而在很大程度上局限了论文的创新性。

（5）选题确定后基本不更改，如需变更必须与指导教师联系，说明更改理由，并经过指导教师同意。

1.2　毕业论文（设计）选题要求

1.2.1　经管类专业毕业论文（设计）选题要求

本书所指的经管类专业包括工商管理、人力资源管理、物流管理、大数据管理与应用、国际经济与贸易等专业。

1. 工商管理专业选题要求

1）选题方向简要介绍

工商管理专业本科学位论文的选题应主要围绕对我国企事业单位的战略管理、营销管理、财务管理、人力资源管理、运营管理、创新管理等管理领域的实际问题展开。学位论文选题应关注企事业单位管理领域中存在的突出问题，兼顾理论性、前瞻性，突出实用性和可操作性。学位论文的研究内容应具有应用价值，针对现实问题提出新观点或新见解，并能够体现一定的技术难度和工作量，以及论文作者综合应用管理理论、方法和技术手段解决企事业单位发展中与管理有关问题的能力。

选题可能的设想：

（1）品牌管理——品牌规划、品牌定位、品牌传播、品牌国际化、品牌评估。

（2）财务管理——并购、财务报表分析、融资、资产重组、财务风险、股权结构、会计信息、盈利能力分析、成本控制、偿债能力、高管团队背景特征、税收筹划、企业社会责任。

（3）战略管理——战略环境分析、竞争优势、资源能力、战略类型、战略的分析与选择、战略实施的评价。

（4）营销管理——"4P"营销策略、服务营销、促销策略、营销渠道、广告策略、体验营销、顾客满意度、消费者行为、网络营销、微信营销、客户关系、产品策略。

（5）企业文化和伦理——企业文化、企业社会责任、企业伦理。

（6）创业管理——创业计划书、创业意愿。

（7）运营管理——产品与服务设计、选址策略、质量管理、六西格玛管理、ISO 9000 管理、精益生产。

（8）人力资源管理——员工满意度、培训管理、薪酬管理、绩效管理、招聘管理、劳资关系、人力资源规划、职业生涯规划、员工激励、员工流失。

（9）其他——供应链管理、公司治理与可持续发展、职业道德、职业核心能力、人格、态度、动机、领导行为、群体和团队、组织设计、商业模式、管理沟通等。

2）选题方向的研究框架

框架一：

（1）引言。

(2) 研究对象简介。

(3) 研究对象的研究问题现状。

(4) 对研究问题的分析。

(5) 对策。

(6) 结论。

框架二：

(1) 绪论。

(2) 理论基础与文献回顾。

(3) 理论分析与研究假设。

(4) 研究设计。

(5) 实证检验与结果分析。

(6) 研究结论与政策建议。

3）选题方向的研究方法

(1) 实证研究法。

(2) 个案研究法。

(3) 调查法。

4）专业内代表性的论文选题名录

(1) 西贝莜面村品牌塑造研究。

(2) 郑州三全食品股份有限公司财务报表分析。

(3) 大连九创装饰公司市场营销策略研究。

(4) 农民工子女教育发展对策研究。

(5) 方大集团股权再融资案例分析。

(6) 凤凰传媒并购美国童书出版商案例分析。

(7) 中荷人寿大连分公司的服务质量管理研究。

(8) 兴隆大家庭商业集团企业文化建设研究。

(9) 基于企业文化视角的宜家企业核心竞争力研究。

(10) 审计意见与会计信息质量的关系研究——基于深市 A 股上市公司数据。

(11) 英之杰建设工程（大连）有限公司发展战略分析。

(12) 迪卡侬体育用品超市员工流失问题研究。

(13) 创业板上市公司股权结构与公司绩效关系研究。

(14) 创业板上市公司治理结构和融资结构研究。

(15) 富士施乐（中国）有限公司环境伦理研究。

(16) 青岛啤酒广告营销策略研究。

(17) 金海湖壹号酒店服务营销策略研究。

(18) 格兰仕集团家电营销战略管理分析——以微波炉为例。

(19) 弘昌管理咨询公司创业策划书。

(20) 当代大学生消费结构与消费行为探析——以大连工业大学为例。

2．人力资源管理专业选题要求

1）选题方向简要介绍

人力资源管理专业本科学位论文的选题应围绕我国经济社会发展中人力资源领域的实际问题展开，研究内容必须具有应用价值，针对现实问题提出新观点或新见解，并能够体现一定的技术难度和工作量，以及学生综合应用科学理论、方法和技术手段解决社会发展中人力资源有关问题的能力。选题应围绕管理中人力资源管理领域存在的突出问题，兼顾理论性、前瞻性，突出实用性和可操作性。

选题可能的设想：

（1）人力资源战略及规划——企业人力资源战略规划、企业人力资源制度规划、人员的供给与需求预测、人力资源费用规划、员工职业生涯规划等。

（2）招聘——人员招聘方案设计、企业人员招聘流程、招聘渠道选择、人员甄选方法、招聘评价标准制定、招聘效果评估等。

（3）培训——企业人才培训、企业职业教育、企业培训模式、企业培训内容、企业培训方法等。

（4）绩效考核——绩效考核方法比较、KPI绩效考核、平衡计分卡绩效考核、绩效考核方案设计、绩效考核指标设计、绩效考核结果应用等。

（5）薪酬——薪酬方案设计、薪酬的影响因素、激励性薪酬设计、宽带薪酬设计、绩效工资设计、薪酬设计效果评价等。

（6）劳动关系及社会保障——和谐劳动关系的构建、和谐劳动关系的影响因素、城镇及农村居民养老模式、城镇及农村居民社会保险模式改革、人口老龄化下的社会保障体系构建等。

（7）人力资源及劳动力——人才队伍建设、农村人力资源优化、农村人才建设、劳动力转移（现状、规律、问题）、劳动力素质（与要求素质的差异）、剩余劳动力（出路、发展）等。

2）选题方向的研究框架

（1）引言。

（2）理论综述。

（3）现状介绍。

（4）存在的问题/研究设计。

（5）影响因素/经验分析/方案设计。

（6）结论与对策。

3）选题方向的研究方法

（1）实证研究法。

（2）调查法。

（3）定性分析法。

（4）个案研究法。

4）专业内代表性的论文选题名录

（1）大连山河工贸技术人员薪酬方案设计。
（2）农村人力资源开发的现状与对策研究。
（3）辽宁省地方本科高校教师绩效工资研究。
（4）辽宁省和谐劳动关系的影响因素分析。
（5）青岛海信集团销售人员薪酬管理研究。
（6）辽宁农科公司销售人员面试评价指标设计。
（7）基于胜任力模型的大连三彩印刷生产经理招聘方案设计。
（8）辽宁省劳动关系和谐度评价指标设计。
（9）熊岳邮政营业人员组织忠诚度研究。
（10）凌源水产公司生产人员绩效考核方案设计。
（11）基于心理契约的某公司销售人员激励性薪酬方案设计。
（12）员工职业生涯规划问题及对策研究。
（13）山西农村信用社人力资源管理存在的问题及对策研究。

3．物流管理专业选题要求

1）选题方向简要介绍

物流管理专业本科学位论文的选题应主要围绕对我国物流企业或企事业单位物流管理相关领域中的实际问题展开。选题应关注物流企业或企业物流管理领域中存在的突出问题，兼顾理论性、前瞻性，突出实用性和可操作性。论文研究内容应具有应用价值，针对现实问题提出新观点、新见解或运用新方法、新模型，得出重要结论，并能够体现一定的技术难度和工作量，以及学生综合应用物流管理理论、方法和技术手段解决物流企业或企事业单位在物流发展中有关问题的能力。

选题可能的设想：
（1）物流管理——物流现状、物流发展模式、物流发展对策、物流发展战略。
（2）物流体系——物流体系设计、物流信息系统平台设计、物流产业链体系、物流系统评价与优化。
（3）物流中心——物流中心构建、物流中心选址、物流中心布局与优化。
（4）物流成本——物流成本预算、降低物流成本的对策、物流成本产销效率、物流成本效益分析、物流成本控制、物流成本管理、物流成本优化。
（5）物流系统——港口物流系统、物流系统的构建与优化、物流系统评价、应急物流系统、物流系统规划。
（6）运输管理——运输成本、运输方式、运输效率评价、运输服务、运输线路优化。
（7）仓储管理——仓储管理对策、仓储优化、仓储系统、库存管理。
（8）配送管理——配送中心选址、配送路径优化、配送模式、配送车辆调度、配送系统。
（9）供应链管理——供应链风险评估、供应链风险控制、供应商的选择与评价、绿色供应链、供应链协调。

(10) 冷链物流——冷链物流绩效评价、冷链物流发展对策、食品冷链物流、乳制品冷链物流、生鲜冷链物流、农产品冷链物流。

(11) 港口物流——港口发展对策、港口竞争力、港口吞吐量、港口与经济协调发展、港口物流模式。

(12) 其他——第三方物流、物流外包、区域物流、物流园区、电子商务物流、物流金融、回收物流、逆向物流、绿色物流等。

2）选题方向的研究框架

(1) 引言。

(2) 研究对象简介。

(3) 研究对象的研究现状。

(4) 研究问题分析。

(5) 研究方法模型应用。

(6) 研究结果分析及对策。

(7) 结论。

3）选题方向的研究方法

(1) 实证研究法。

(2) 个案研究法。

(3) 定量分析法。

4）专业内代表性的论文选题名录

(1) 本溪市佳宇物流公司应急物流方案研究。

(2) 沈阳佐客连锁便利店配送线路的优化及改进研究。

(3) 大连鑫达超市供应商选择研究。

(4) 大连鑫泰回收站废旧家电回收物流系统优化研究。

(5) 基于禁忌搜索算法的本溪市平山区顺丰速运配送路径优化研究。

(6) 基于排队论模型对丹东港航道通过能力的研究。

(7) 基于指标满意度算法的沈阳西米快餐公司物流配送中心选址研究。

(8) 奇瑞大连公司物流成本控制研究。

(9) 基于风险分析的辽宁华锦集团危险品道路运输路径优化研究。

(10) 基于层次分析法的胜大超市供应商选择研究。

(11) 沈阳市福万家超市蔬菜配送中心选址。

(12) 丹东曙光集团物流外包改进措施研究。

(13) 基于灰色关联分析的旺角蔬果超市供应商绩效评价研究。

(14) 海口港货物吞吐量预测研究。

(15) 基于模糊综合评价法的营口利顺德货代有限公司转型问题研究。

(16) 基于作业成本法的新邦物流成本控制研究。

(17) 开原市新都超市的库存控制现状及对策研究。

(18) 基于博弈分析的本溪市平安物流有限公司物流服务定价研究。

(19) 基于格序理论的锦程国际物流企业绩效研究。

(20) 基于因子分析法的大连港毅都冷链有限公司竞争力研究。

4．大数据管理与应用专业选题要求

1) 选题方向简要介绍

大数据管理与应用专业本科学位论文的选题应围绕大数据管理、数据分析、机器学习、大数据架构等方面的实际问题展开。研究内容应具有实际应用价值，针对现实问题提出新观点或新见解，并能够从技术上实现，体现学生综合应用科学理论、方法和技术手段解决有关问题的能力。选题应围绕"大数据管理""大数据应用"，且源于经济管理领域应用中存在的突出问题，兼顾理论性、前瞻性，突出实用性和可操作性。

选题可能的设想：

（1）大数据管理类——大数据相关技术与方法在经济管理领域（如会计、人力、营销、物流）中的应用。

（2）数据分析类——基于大数据分析方法对企事业单位的数据进行分析和可视化及相关案例的分析。

（3）机器学习算法类——针对机器学习某个算法的具体研究与应用、企业信息的数据挖掘。

（4）大数据架构类——使用Hadoop、Spark等技术构建企业大数据应用平台。

（5）数据采集与处理类——使用网络爬虫、ETL工具对数据进行采集、预处理等。

2) 选题方向的研究框架

（1）大数据管理类

① 绪论。

② 相关概念及理论基础。

③ 现状分析及存在的问题。

④ 方案设计。

⑤ 企业发展大数据建议。

⑥ 结论。

（2）数据分析类

① 绪论。

② 相关概念及理论基础。

③ 数据采集及预处理。

④ 数据分析及可视化。

⑤ 分析结果与建议。

⑥ 结论。

（3）机器学习算法类

① 绪论。

② 相关概念及理论基础。

③ 基于××算法的研究。

④ ××算法的设计与实现。

⑤ 算法结果与分析。
⑥ 结论。
（4）大数据架构类
① 绪论。
② 系统分析。
③ 系统设计。
④ 系统实施。
⑤ 结论。
（5）数据采集与处理类
① 绪论。
② 相关概念及理论基础。
③ 数据采集方法研究。
④ 数据处理方法研究。
⑤ 数据结构化处理研究。
⑥ 结论。
3）选题方向的研究方法
（1）定性分析法。
（2）实证研究法。
（3）调查法。
（4）个案研究法。
4）专业内代表性的论文选题名录
（1）基于 Spark 的大数据挖掘技术的设计与实现。
（2）大数据背景下用户画像的统计方法实践研究。
（3）基于云计算的会计大数据分析平台构建研究。
（4）大数据环境下智慧课堂教学模式的设计与应用。
（5）大数据时代我国商业银行营销策略分析。
（6）基于大数据的电子商务个性化信息推荐服务模式研究。
（7）基于云计算与医疗大数据的 Apriori 算法优化研究。
（8）电子商务中的 Web 数据挖掘研究。
（9）数据挖掘技术在 CRM 中的应用。
（10）基于用户大数据的海尔集团线上精准营销研究。
（11）大数据环境下在线学习行为分析模型研究。
（12）基于 Spark 的农业大数据挖掘系统的设计与实现。
（13）基于大数据的商业模式创新研究。
（14）基于 Spark 的机器学习应用框架研究与实现。
（15）基于机器学习的智能家居系统设计与实现。
（16）基于机器学习算法的信用风险预测模型研究。
（17）基于机器学习的网络舆情情感倾向分析研究。

(18) 基于深度学习的垃圾分类系统设计与实现。

(19) 基于网络媒体的食品安全数据采集与处理研究。

5. 国际经济与贸易专业选题要求

1) 选题方向简要介绍

国际经济与贸易专业本科学位论文的选题应围绕我国各省（区、市）的国际经济、对外贸易及地区和企业的国际商务、金融业务、投资与经济合作、国际竞争力、法律与争端解决等实际问题开展。所选题目应能够体现学生较好地掌握了国际经济与贸易学科的基础理论、专门知识和基本技能。研究内容应具有实际意义，能够针对现实问题进行相关分析并提出解决方案，体现学生从事科学研究工作或担负专门技术工作的初步能力。论文应能体现一定的工作量。

选题可能的设想：

(1) 对外贸易——贸易结构分析、服务贸易分析、贸易壁垒的影响、产业内贸易分析、双边（多边）贸易分析。

(2) 国际经济——汇率变动与国际贸易、碳关税与国际贸易、汇率变动与产品出口、贸易与经济增长、收入分配、企业异质与产品出口、国际贸易与金融发展。

(3) 国际商务——国际营销（出口）策略/策划、文化差异与企业国际营销、跨境电商的应用、出口渠道分析、支付方式的应用及风险规避。

(4) 金融业务——外贸企业融资、外汇风险管理、金融业务在外贸企业的应用。

(5) 投资与经济合作——企业对外投资的区位分析、加工贸易转型分析、企业外包策略。

(6) 国际竞争力——产品出口竞争力、产业国际竞争力。

(7) 法律与争端解决——国际贸易与消费者权益、贸易代理与货代、出口退税制度与企业出口等。

2) 选题方向的研究框架

(1) 引言。

(2) 现状介绍。

(3) 存在的问题/研究设计。

(4) 影响因素/经验分析。

(5) 结论与对策。

3) 选题方向的研究方法

(1) 定量分析法。

(2) 调查法。

(3) 定性分析法。

(4) 个案研究法。

4) 专业内代表性的论文选题名录

(1) 碳关税对广东省出口贸易的影响及对策。

(2) 人民币实际有效汇率变动对中日产业内贸易的影响与对策。

（3）技术性贸易壁垒对青岛电子行业的影响与对策研究。
（4）外商直接投资对辽宁省经济增长贡献的实证分析。
（5）大连辛星塑料制品有限公司的出口风险分析与防范。
（6）偏离份额法下的辽宁省入境旅游市场结构优化对策。
（7）基于机电产品出口的大连市加工贸易转型升级策略研究。
（8）"丹东板栗"出口的影响因素与对策研究。
（9）大连机电产品出口竞争力分析与对策。
（10）辽宁机电产业国际竞争力分析与策略。
（11）大连金融服务贸易竞争力实证分析。
（12）辽宁兴隆百货国际化发展策略研究。
（13）八五七农场大米在俄罗斯市场的出口策略研究。
（14）大连华联食品有限公司水产品出口差异化策略研究。
（15）辽宁迈克集团活动板房的国际营销策划。

1.2.2 文科类专业毕业论文选题要求

本书所指的文科类专业包括汉语国际教育、日语、英语、翻译等专业。论文选题应围绕相关专业领域的基础理论或实际问题展开，研究内容要有一定的理论价值或应用价值。针对专业理论或专业实践问题提出新观点或新见解，并能够体现一定的理论难度和工作量，兼顾理论性、前瞻性。

1. 汉语国际教育专业选题要求

1）选题方向简要介绍

（1）汉语国际教育理论——第二语言教学理论、中介语、迁移理论、认知理论。

（2）汉语国际教育课程教学——汉语本体（语音、汉字、词语、语法）教学、课程教学（听力课、口语课、汉字课、视听课、写作课）、语言要素教学。

（3）对外汉语教材研究——教材编写特色、教材练习。

（4）文化与交际——汉语国际教育中的文化差异/冲突、文化词语教学、中华文化传播。

（5）汉语国际教育教学现状调查方向——留学生学习情况调查、就业去向、高校教学调查。

（6）古代文学及古代文化——古代文学作品、作家、流派、文学理论、古代文化等。

（7）现当代文学——现当代文学作品、作家、文学流派、文学理论研究。

（8）外国文学——外国文学作品、作家、文学流派、文学理论。

（9）美学——中国美学、西方美学、文艺美学、审美文化。

（10）语言学——古代汉语（文字、词汇、训诂、修辞、音韵、语法）、现代汉语（汉语规范化、修辞、网络语言、外来词等）。

2）选题方向的研究框架

（1）引言。

(2) 提出问题——论点（或论题）。
(3) 分析问题——论据和论证。
(4) 解决问题——论证方法与步骤。
(5) 结论。
3）选题方向的研究方法
(1) 调查法。
(2) 文献研究法。
(3) 个案研究法。
(4) 定性分析法。
(5) 比较研究法。
4）专业内代表性的论文选题名录
(1) 初级阶段留学生语音习得偏误分析与教学策略。
(2) 网络词语的特点及在外汉语教学中的应用。
(3) ××国留学生使用汉语惯用语的偏误分析及对策。
(4) 汉语颜色词的文化内涵及对比。
(5) 日本江户时代中国集部典籍流传东瀛研究。
(6) 中国动画中的叙事伦理及其社会价值引领研究。
(7) 中国当代文学中的小城镇叙事研究。
(8) 爱尔兰文学中的海洋叙事与民族想象研究。
(9) ××地区濒危方言乡话的文白异读系统比较研究。
(10) 微信文学的写作模式与传播策略。
(11) 元夕词：节序与感怀。
(12) 从古诗看古人消暑方法的情趣。
(13) 湖南花鼓戏的文化意蕴研究。
(14) 鲁迅小说的第一人称叙事视角。
(15) 《雷雨》中周萍的人物心理。
(16) 《孟子》中"为"字使用情况的调查报告。
(17) ××市中学生社会泛称使用状况调查。
(18) 从《曲径分岔的花园》看博尔赫斯的小说诗学观。
(19) 从十二生肖看中外文化对比。
(20) 化妆品广告的用词特点及文化内涵。
(21) 店名/品牌名/地名/菜名和中国文化。

2．日语专业选题要求

1）选题方向简要介绍
(1) 日本文学——文学作品（小说、诗歌、戏剧、散文等）、文学作品中的人物形象、文学流派、对比分析、作家及其作品。
(2) 日本文化与社会——日本某种社会现象、日本某种社会问题、日本民俗文化、日本政府、日本历史、日本宗教、日本教育等。

（3）翻译理论与技巧——翻译文本对比、日汉某种语言现象翻译方法的对比分析、汉语新词的日译方法、惯用句的日汉互译。

（4）日本文化与中国文化比较研究——中国文化对日本文化的影响、日本文化（饮食、动漫等）对中国文化的影响、中日作家比较、中日××文化比较。

（5）语言学研究——日语文字、日语词汇、日语短语和句子、日语语篇、日语语言与文化、中日文化在汉日两种语言中的反映等。

2）选题方向的研究框架

（1）引言。

（2）提出问题——论点（或论题）。

（3）分析问题——论据和论证。

（4）解决问题——论证方法与步骤。

（5）结论。

3）选题方向的研究方法

（1）调查法。

（2）文献研究法。

（3）个案研究法。

（4）定性分析法。

（5）比较研究法。

4）专业内代表性的论文选题名录

（1）浅谈日本的茶道文化。

（2）浅谈日本温泉旅馆与传统文化。

（3）《白色巨塔》中的女性形象之认知诗学解读。

（4）《伊豆舞女》中的日本古典美探微。

（5）论芥川龙之介对近代苏州的传统性身份建构。

（6）中岛敦作品中的中国古代文人形象——以《山月记》《弟子》《李陵》为例。

（7）日本浮世绘中的三国女性形象分析。

（8）论《源氏物语》对白居易诗歌的接受。

（9）歌舞伎和京剧的比较。

（10）关于日语中女性用语的研究。

（11）关于茶道和禅的密切性研究。

（12）从《心》看明治时期知识分子的自我意识。

（13）从茶道的礼仪看日本人的阶级意识。

（14）中日文化中"牛"概念的差异。

（15）从宫崎骏的《龙猫》看日本人的自然观。

（16）有关中日两国的颜色象征性——以"红色"为中心。

（17）中日动物谚语比较研究。

（18）鲁迅与夏目漱石小说中知识分子形象的比较研究。

（19）日本文学中的"成都"叙事。
（20）日本文学中的物哀探究。
（21）夏目漱石小说《心》的叙事学解读。

3．英语专业选题要求

1）选题方向简要介绍

（1）文学研究——英美文学作品（小说、诗歌、戏剧）、文学批评方法（形式主义批评方法、生平批评方法、精神分析批评方法、历史观批评方法、社会学批评方法、女权主义批评方法、解构主义批评方法等）、文学研究方法（作品解读、文本分析、文学比较与对比等）。

（2）语言研究——英语语言学研究（语音学、词汇、语用学）、语言与文化。

2）选题方向的研究框架

（1）引言。

（2）提出问题——论点（或论题）。

（3）分析问题——论据和论证。

（4）解决问题——论证方法与步骤。

（5）结论。

3）选题方向的研究方法

（1）调查法。

（2）文献研究法。

（3）个案研究法。

（4）定性分析法。

（5）比较研究法。

4）专业内代表性的论文选题名录

（1）Fielding 小说的现实主义意义。

（2）《傲慢与偏见》中经济对婚姻的影响。

（3）论莎士比亚《暴风雨》的 U 型叙事结构。

（4）桑提亚哥——海明威笔下的硬汉。

（5）英汉幽默语的对比分析——以《爱情公寓》和《老友记》为例。

（6）从《老友记》浅析英语俚语特征。

（7）《绝命毒师》中 so 的语用功能探析。

（8）华兹华斯诗歌的自然观。

（9）论叶芝诗歌中的宗教思想。

（10）劳伦斯笔下的女性形象。

（11）杜拉斯小说中的中国情结。

（12）《廊桥遗梦》的弗洛伊德主题。

（13）英国文学叙事中的民族认同建构。

（14）简·奥斯汀的《诺桑觉寺》与 18 世纪英国婚姻体系中的女性地位。

（15）论马克·吐温小说的黑色幽默。

(16) 英汉致使动词的对比研究。

(17) 英语委婉语的交际功能。

(18) 英汉礼貌用语对比研究。

(19) 语用迁移与语用失误对跨文化交际的影响。

(20) 英汉拒绝语的对比研究。

4. 翻译专业选题要求

1) 选题方向简要介绍

(1) 翻译与语言学研究——篇章语言学、功能语言学、对比语言学、心理语言学、交际语言学、文化语言学等理论指导翻译研究。

(2) 翻译与文化研究——翻译理论、翻译策略等。

(3) 应用翻译方向——特殊用途英语翻译（商务英语翻译、科技英语翻译、轻工行业英语翻译等）。

(4) 译文对比研究。

(5) 翻译及评论。

2) 论文的研究框架

(1) 引言。

(2) 提出问题——论点（或论题）。

(3) 分析问题——论据和论证。

(4) 解决问题——论证方法与步骤。

(5) 结论。

3) 选题方向的研究方法

(1) 调查法。

(2) 文献研究法。

(3) 个案研究法。

(4) 定性分析法。

(5) 比较研究法。

4) 专业内代表性的论文选题名录

(1) 生态翻译学视角下饮食文化负载词英译研究。

(2) 山西特色饮食的汉英翻译策略研究。

(3) 汉语叠词及其英译。

(4) 中英文翻译中颜色词的非对应。

(5) 动物俚语文化的含义与翻译。

(6) 跨文化视野中的异化和归化翻译。

(7) 从文化差异的角度看翻译中情感意义的丢失。

(8) 英译汉中词类的转换。

(9) 从十二生肖看中外文化对比及翻译策略。

(10) 从海明威的短篇小说《一个干净明亮的地方》看简洁句的翻译。

(11) 论英汉习语翻译中的文化意象转化。
(12) 英文电影片名的翻译策略与翻译方法研究。
(13) 汉语"××人"的形成机制及其英译策略。
(14) TED 演讲字幕的文本特点及翻译策略探究。
(15) 赛珍珠《水浒传》翻译研究。
(16) 德国功能翻译理论视角下的合同英译研究。
(17)《简·爱》两个汉译本的翻译风格对比研究。
(18)《功夫熊猫》字幕翻译中的跨文化传播因素。
(19) 莫言《生死疲劳》英译风格再现。
(20) 莫言作品在英语世界的译介。
(21)《红楼梦》饮食文化之菜名英译研究。
(22)《红楼梦》英译的文化认知研究。

1.3 毕业论文(设计)研究方法

1.3.1 研究方法和分类

1. 研究方法

研究方法,属于哲学术语,是指在研究中发现新现象、新事物,或提出新理论、新观点,揭示事物内在规律的工具和手段。它是运用智慧进行科学思维的技巧,一般包括文献调查法、观察法、思辨法、行为研究法、历史研究法、概念分析法、比较研究法等。研究方法是人们在从事科学研究过程中不断总结、提炼出来的。因为人们认识问题的角度、研究对象的复杂性等因素的差异,并且研究方法本身处于一个不断相互影响、相互结合、相互转化的动态发展过程中,所以目前对于研究方法的分类很难有一个完全统一的认识。

2. 研究方法的分类

1) 宏观分类

根据研究活动的特征或认识层次,研究方法可以分为经验研究方法和理论研究方法;根据研究对象的规模和性质,研究方法可以分为战略研究方法和战术研究方法;以研究方法的规则性为依据,可以将其分为常规方法和非常规方法;按方法的普遍程度不同,可以将其分为一般方法和特殊方法;根据研究手段的不同,可以将其分为定性研究方法和定量研究方法。

2) 具体分类

毕业论文(设计)的写作方法有很多种,应依据学科的要求来选择合适的研究方法,在此列出一些常用的研究方法,供大家参考。

(1) 调查法(文管类专业均适用)

调查法是科学研究中最常用的方法之一。它是有目的、有计划、系统地搜集描述有关研究对象现实状况或历史状况材料的方法。调查法是观察研究法的一种,它综合运用历史法、观察法等方法,以及谈话、问卷、个案研究、测验等科学方式,对调查现象进行有计划的、周密的和系统的了解,并对调查搜集到的大量资料进行分析、综合、比较、归纳,从而得到规律性的知识。调查法中最常采用的是问卷法,它是以书面提出问题的方式搜集资料的一种研究方法,即调查者将调查项目编制成表式,考察被试的观点和偏好,分发或邮寄给有关人员,请其填写答案,然后进行回收整理、统计和研究。

访谈法,是调查法的一种,又称访谈调查法、谈话法或访问法,是调查者通过与被访者交谈收集所需资料的调查方法。访谈是一种研究性交谈,也就是两个人(或更多人)之间一种有目的的谈话,其中由访谈者通过询问来引导被访谈者回答,以了解被访者的行为或态度,最终达到调查目的。

(2) 观察法(文管类专业均适用)

观察法是指研究者根据一定的研究目的、研究提纲或观察表,用自己的感官和辅助工具直接观察被试的心理现象和行为表现,从而获得资料的一种方法。科学的观察具有目的性、计划性、系统性和可重复性。在科学实验和调查研究中,观察法具有如下作用:一是扩大人们的感性认识;二是启发人们的思维;三是导致新的发现。

(3) 实验法(管理类专业适用)

实验法是通过主动变革、控制研究对象来发现与确认事物间的因果联系的一种科研方法。其主要特点有:①主动变革性。观察法与调查法都是在不干预研究对象的前提下认识研究对象,发现其中的问题;而实验法要求主动操纵实验条件,人为地改变对象的存在方式、变化过程,使它服从科学认识的需要。②控制性。科学实验要求根据研究的需要,借助各种方法、技术减少或消除各种可能影响科学结果的非实质性因素的干扰,在简化、纯化的状态下认识研究对象。③因果性。实验法是发现、确认事物之间因果联系的有效工具和必要途径。

(4) 文献研究法(文管类专业均适用)

文献研究法是根据一定的研究目的或课题,通过调查文献来获得资料,从而全面地、正确地了解、掌握所要研究问题的一种方法。文献研究法广泛应用于各种学科研究中,其作用有:①能了解有关问题的历史和现状,帮助确定研究课题;②能形成关于研究对象的一般印象,有助于观察和访问;③能得到现实资料的比较资料;④有助于了解事物的全貌。

(5) 实证研究法(文管类专业均适用)

实证研究法是科学实践研究的一种特殊形式,它是依据现有的科学理论和实践需要,提出设计,利用科学仪器和设备,在自然条件下,通过有目的、有步骤的操作,根据观察、记录、测定与此相伴随的现象的变化来确定条件与现象之间的因果关系的活动。实证研究法的主要目的在于说明各种自变量与某一个因变量之间的关系。

(6) 定量分析法(文管类专业均适用)

在科学研究中,定量分析可以使人们对研究对象的认识进一步精确化,以便更加科学地揭示其规律,把握本质,厘清关系,预测事物的发展趋势。

(7) 定性分析法(文管类专业均适用)

定性分析法就是对研究对象进行"质"的方面的分析。具体来说,就是运用归纳和演绎、分析与综合及抽象与概括等方法,对获得的各种材料进行思维加工,从而去粗取精,去伪存真,由此及彼,由表及里,达到认识事物本质、揭示内在规律的目的。

(8) 个案研究法(文管类专业均适用)

个案研究法是认定研究对象中的某一特定对象,通过调查分析,弄清其特点及形成过程的一种研究方法。个案研究有三种基本类型:①个人调查,即对组织中的某个人进行调查研究;②团体调查,即对某个组织或团体进行调查研究;③问题调查,即对某个现象或问题进行调查研究。

(9) 比较研究法(文管类专业均适用)

比较研究法又称为对比研究法,是指对两个或两个以上的事物或对象加以对比,以找出它们之间的相似性与差异性及其原因的一种研究方法。作为思维方法的一种,比较研究法贯穿研究的全过程。无论是在科学实验的过程中,还是在理论研究中,比较研究法都是不可或缺的基本方法。

1.3.2 研究方法的选择依据

1. 经管类专业

根据研究的内容,即课题属于现状研究、比较研究,还是发展研究来确定研究方法。

(1) 现状研究类课题一般可采用观察法、调查法和测量法。

【例 1-1】 北京市中等职业学校财经类学生的学习特点研究。

调查法:首先就中心课题设计调查问卷或访问提纲,然后将已确定的被调查学生分类,进行现状调查并做详细记录,探索相互关系,并进行发展变动的调查,追根溯源,总结出目前中职学生学习的本质特点。

具体操作:采取中外文献对比法、抽样调查、普遍调查、典型调查和重点调查等各种方法并用的综合方式。特别要注意的是,必须使被调查者能充分、默契地配合调查。

从研究内容看,该课题属于现状研究,如何客观地了解现状,准确地发现问题和规律,是此项研究的根本目的。因此,选用观察法、调查法和测量法比较恰当。观察法有利于客观地描述研究对象的真实表现,只是研究的范围可能受到局限,研究结果会缺乏一般性。调查法可以用相同的问题同时面对更大的群体,以补偿观察法的不足。反之,观察法也补偿了调查法中研究者的主观性局限。测量法是更为科学的调查,不过它要立足于观察和调查的基础之上,同时需要相关的理论与技术(如教育统计、测量技术等)支持。

(2) 比较研究类课题分为两种情况:如果是因果比较,一般采用实验法;如果是相关比较,可采用调查法、测量法等。

【例 1-2】 营商环境省际差异与扩大进口——基于 30 个省级横截面数据的经验研究。

利用我国 30 个省级横截面数据,检验了各省营商环境细分指标与进口之间的关系。检验结果表明,各省(区、市)商业机构开业时间的缩短对扩大进口有显著而积极的影响,而且在控制了交通便利程度、通信便利程度、外企人力资本、政府干预行政成本、地理气候等相关变量后,上述结果仍然显著,表现出相当的稳健性;开业成本、执行合同成本和执行合同时间等指标均不显著,这进一步凸显了开业时间指标的重要性。因此,我国要在较短时间内迅速扩大进口并非易事,必须注意优化各省(区、市)特别是中西部各省(区、市)的营商环境,但不是对营商环境中的所有细分指标同时进行改革,而是应有取有舍,重中之重是提高政府效率,以缩短商业机构开业的行政审批时间。

该课题主要研究省际营商环境存在的差异,因此,需要了解调查各省(区、市)营商环境的基本情况,然后做出比较分析,进而找到营商环境与进口之间的关系,提出有针对性的解决对策。因此,进行比较的前提是科学的调查,如果使用科学的量表,通过测量支持研究,则会使课题研究更加科学和准确。

(3) 发展研究类课题主要研究某一现象随着时间变化而表现的特征和规律,从而推断未来某一时期的发展趋势与动向,一般可采用文献研究法、调查法、个案研究法等。

【例1-3】 世界战略性新兴产业的发展趋势对我国的启示。

课题首先在纵向上依据时间顺序,按照不同的历史阶段,对战略性新兴产业的发展特点进行介绍。在横向上,从发展动力、发展目标、发展模式、发展主体和发展格局五个角度系统考察了世界范围内战略性新兴产业的发展趋势与特征,分析了美国、欧盟各国、日本、韩国、巴西、印度、俄罗斯等国家的产业发展状况。之后,归纳了各国在产业发展过程中所制定的国家战略、发展目标和针对性政策。课题通过纵、横两个方面的研究,使研究成果既有宏观的历史图景,又有微观的具体案例;既有表象的叙事描述,又有深入的理性分析,全面而深刻地阐述了世界战略性新兴产业的发展趋势,在此基础上,提出出台国家战略、超前部署发展重点等五个方面的启示。

2. 文科类专业

根据研究的内容判断课题属于文学类研究课题还是语言类研究课题,然后确定研究方法。

(1) 文学类研究课题一般可采用文献研究法、比较研究法、调查法等。

【例1-4】 论《源氏物语》对白居易诗歌的接受。

文献研究法:根据课题内容搜集相关的文献资料,包括原始文献、第二手文献。具体来说,可搜集《源氏物语》小说文本、白居易诗歌文本、有关二者的相关研究资料(专著、期刊论文、硕博论文)及有关中国古典文学对日本文学影响的研究资料等。

比较研究法:对《源氏物语》、白居易诗歌文本及艺术特色、审美文化特质等进行对比,总结《源氏物语》对白居易诗歌的接受、吸收及改造。

分析:该课题主要研究日本文学经典《源氏物语》对中国唐代诗人白居易诗歌的吸收,主要包括两个方面:一是探讨《源氏物语》在情节内容、艺术风格、人物形象三个维度上受到白居易诗歌影响的具体表现。着重分析白居易的《长恨歌》在情节内容上对《源氏物语》的影响,白居易的闲适诗、感伤诗在艺术风格上对《源氏物语》的影响,白居易本人及其诗歌中的人物形象对《源氏物语》中的主人公及其他人物形象的影响。二是探讨《源氏物语》在受到白居易诗歌影响的同时所做的改造,表现出一定程度的对白居易诗歌原意的疏离。这种改造、疏离是紫式部立足日本自身文化特征而进行的,主要表现在人物刻画、情节构思、创作方法等方面。作为文学类研究课题,运用文献研究法、比较研究法更为恰当。

（2）语言类研究一般可采用文献研究法、调查法、个案研究法等。

【例 1-5】 汉语"××人"的形成机制及其英译策略。

该课题以当下汉语网络新兴词"××人"为研究对象,分析其形成机制及其英译策略。随着互联网的迅猛发展,网络上产生了"打工人""工具人""考研人"等具有"××人"结构的网络新兴词语模。"××人"词语模的产生是人们心理产生变化的反映,具有语言的话语功能和语言的社会功能。文章基于词语模理论,研究了网络新兴词语模"××人"的形成机制,并从语言的话语功能和社会功能角度出发探究其英译策略。

分析：该课题为语言类研究课题,可利用文献研究法搜集资料,利用调查法调查"××人"特定语言现象的出现频率、使用群体、反映的文化心理等,获得相关研究的所需信息。在此基础上,选取典型案例进行深入分析,探讨其形成机制及英译策略。

1.3.3 研究方法的应用

1. 调查法的应用

调查法是通过对原始素材的观察,有目的、有计划地搜集研究对象的材料,从而获得相关描述信息,形成科学认识的一种研究方法。调查法包括问卷、访谈、测验等不同的具体方法,程序上虽各有侧重,但一般均应遵循如下几个步骤。

（1）调查前的准备工作。确定调查内容→选取调查对象→拟定调查提纲→制订调查计划（包含内容和目的、对象和范围、地点和时间、人员分工和调查报告完成的日期）。

（2）实际考察,搜集资料（包含书面资料、口述资料）。

（3）整理资料（叙述的材料要整理成文；数量的材料则要用数学统计法加以整理）。

（4）撰写调查报告。

下面着重介绍调查法中最为常用的两种具体方法。

（1）调查问卷

调查问卷是以书面提出问题的方式搜集资料的一种研究方法。所谓问卷是设计一组与研究目标有关的问题,通过调查对象的回答来搜集人们对所调查问题的意见、态度等方面的资料。

问卷的类型分为封闭式和开放式。

封闭式问卷是把问题的答案事先加以限制,只允许在问卷所限制的范围内进行挑选。它包括以下问题的 4 种形式。

① 选择式。该式问卷把问题设计成多种答案,要求被调查对象从多种答案中挑选最合适的一个或几个（有点像应试考卷中的单项或多项选择题）。

示例：关于青少年心理方面的调查。

你认为你的心理压力主要来源于（　　）。

a. 亲戚　　　　b. 父母　　　　c. 老师　　　　d. 同学或朋友

② 是否式。该式问卷将问题的可能性答案列出两种相矛盾的情况,要求被调查对象从中择一,即"是"还是"否","同意"还是"不同意"。

示例:关于 WTO 的调查问卷。

你是否知道 WTO 的有关事宜?(　　)

a. 知道　　　　　b. 不知道

③ 画记式。该式问卷要求调查对象按照问题的要求,在答案同意或不同意上分别做记号"√"或"×"。

示例:关于造成青少年犯罪的社会原因调查。

请根据你的理解,在符合你的情况处画"√",在不符合你的情况处画"×"。

游戏机不会引导青少年犯罪。(　　)

④ 开放式。该式问卷由自由作答的问题组成,是非固定应答题。它提出问题不列可能的答案,由被调查者自由陈述。就题型而言,可以是填空式的,也可以是问答式的。

(2) 访谈调查

访谈,是指调查者通过与被访者面对面谈话来了解情况、收集资料的一种调查方式,即以口头形式,根据被访者的答复,收集客观的、不带偏见的事实材料的研究性交谈。

访谈可以进行个别访谈,也可以开小型座谈会,有正式的,也有非正式的。所谓正式的访谈,是要求有一定的组织手续,严格按照预先拟定的计划进行;非正式访谈,则是指调查者和被访者在日常接触中,在自然氛围或自然环境中进行的谈话。

访谈不仅是调查者与被访者之间的语言交流,还是二者感情的沟通,它是一种艺术,更是一种技巧。然而在实施过程中,多数学生初访时,并没有意识到这一点。他们肤浅地认为,访谈是一件轻而易举的事情,外出访谈时,只是怀着一种好奇的心理,蜂拥而出。结果,不是因为找不到地点,在外面毫无目标地东奔西跑,就是因事先未进行联系,即使找到了地址也被拒之门外;更有甚者,好不容易进了门,话题刚开了个头,便话不投机而卡了壳,大家面面相觑,欲语不能,真可谓"高兴而去,败兴而归"。究其原因,乃是这些学生不知道如何进行访谈。

那么,如何进行访谈呢?首先是访问者在进行采访前必须拟定访谈提纲,明确本次访谈所要达到的目的;其次是要有"虚心请教"的态度,采取"共同讨论"的方式,贵在"感情的交流"。具体操作中应注意以下两点。

① 应充分做好访谈前的准备。这种准备工作一般是针对采访者自身而言的,其次是指访谈条件的准备。

自身准备指的是访谈内容上的准备和访谈形式上的准备。在开始采访前,采访者应对所要了解的内容认真设计,以避免采访时提的问题不着边际,达不到预期目的。在访谈形式方面,为了给被访者留下一个好的印象,保证访谈的成功进行,采访者应做到"三注意":a. 注意衣着,着装要整洁、大方、得体;b. 注意语言,语言除清楚、明白地表达之外,还要朴实、礼貌、文明;c. 注意举止仪态,举止仪态必须端庄、稳健。也就是说,采访时,不能轻浮,装腔作势,既不能出现自己平时一些不良的习惯动作,也不可过于拘谨,手足无措。

访谈条件的准备,指的是要注意做好访谈前与被访者的联络工作,即先落实好被访者受访的时间、地点,使被访者也有一个心理准备,避免做"不速之客"。

② 应注意访谈的技巧。

访谈是否能够顺利进行,不仅取决于事前是否做了充分的准备,还取决于采访者能否注意访谈的技巧。访谈的技巧包括:a.善于启发引导,活跃气氛;b.善于察言观色,随机应变;c.善于辞令,发问有方,直接法、间接法及迂回法交替使用。

2．比较研究法的应用

比较研究法是确定对象间异同的一种逻辑思维方法,即根据一定的标准,对某种事物的客观现象在不同情况下的不同表现进行多角度比较分析,从而找出客观事物的普遍规律及其特殊本质,力求得出符合客观实际结论的方法。

根据以下分类标准,比较研究法主要归纳为三类。

(1) 纵向比较和横向比较。纵向比较是比较同一事物在不同时期内的发展变化。它强调的是事物的发展过程,按时间序列的纵断面展开研究,以动态观点来研究现状,从而揭示其历史演化性,弄清其发展的来龙去脉。横向比较是对同时存在的客观事物进行比较。它是按空间结构的横断面展开的,强调的是从事物的相对静止状态中研究事物的异同,分析其原因。

以上两种比较研究是根据比较对象的历史发展和相互联系划分的。

横向比较示例:肉松的市场销售状况比较(就某一超市)。

"倪德牌"肉松:价格比较低廉,便于日常食用,销售量尚可。

"新东阳"肉松:口感好,包装考究,但价格过高,销售量平平。

"太仓牌"肉松:以其悠久的历史和过硬的品牌立于不败之地。礼盒装多用于送礼宴请,简易装多用于日常食用,价格尽管稍微偏高,但销售量稳居超市第一。

(2) 同类比较与异类比较(类比与对比)。同类比较研究是比较两种或两种以上同类事物而认识异同点的方法。同类相异点进行比较,可以发现事物发生发展的个性;同类相同点进行比较,可以发现事物发生发展的共性。异类比较研究是比较两种或两种以上性质相反的事物或一个事物的正反两个方面,从而发现异中之同,找出其共同规律的方法。这种比较的特征是反差大,效果显著,有利于鉴别和分析所比较的客观事物。

(3) 定量分析比较与定性分析比较(量比与质比)。定量分析比较是对事物属性进行量的分析以判断事物发展变化的比较方法;定性分析比较则是指通过事物间本质属性的比较来确定事物性质的比较方法。二者结合,能使比较的内容更加清晰,比较的结论更加正确,比较的效果更加显著。

这里应特别指出,学生在研究过程中,急于找出事物的本质属性,普遍存在着轻视定量分析研究而重视定性分析比较的倾向,殊不知没有量就没有质,客观事物总是由量变引起质变的。

运用比较研究法的基本步骤是:

(1) 选定比较主题。其基本含义是:根据研究内容确定比较的内容,限定比较的范围,并按比较主题统一比较标准。这一步是进行比较研究的前提,也是比较的依据和基础。

(2) 广泛搜集、整理资料。通过各种渠道、各种方法,尽可能客观地搜集研究内容的有关资料,并根据课题目标对资料进行梳理、分类、归纳。

(3) 进行比较分析。这一步是比较研究的重要环节。这一过程必须对搜集、整理后的资料进行诠释、分析和评价。诠释应抓住事物的属性;分析应由初步到深入,注意相比较事物间的内在联系和全面性;评价应注意客观性。

(4) 得出比较结论。这里的结论自然是指通过论证后得出的结论。

运用比较研究法的基本要求:比较的对象应有一定的内在联系,同一范围,统一标准,条件相同(即注意事物之间的可比性);比较要从多方面进行,反复进行,切忌片面、单一(即注意比较的广泛性),不仅仅要比较事物的现象,更重要的是要比较事物的本质,透过现象看本质,从而得出比较的正确结论。

3. 实验法的应用

实验法是指学生根据课题研究的内容需要,利用一定的设备和材料,通过控制条件的操作过程,引起实验对象的某些变化,观察这些现象的变化以验证课题内容或获取新知识的一种研究方法。实验法适用于管理类专业的课题研究。

实验法的全过程包括:准备、实施、总结三个基本阶段。各阶段的具体步骤如下:

(1) 实验的准备阶段。选定实验研究的内容,形成研究假说→明确实验目的,确定指导实验的理论框架→确定实验的自变量→选择适合的测量工具并决定所采用的统计方法→选择实验设计的类型。

(2) 实验的实施阶段。按实验设计进行实验→采取一定的实验措施→观测效应→记录实验所获得的数据、资料等。

(3) 实验结果的总结评价阶段。对实验中取得的数据、资料进行处理分析→确定误差的范围→对研究假设进行检验→得出科学结论。

根据实验的目的和时间不同,尤其是根据论文内容的需要,应进行重复实验和扩大实验,以降低随机误差的影响,保证实验结果的重现性。

4. 文献研究法的应用

文献研究法是通过查阅文献资料了解、证明所要研究对象的方法。文献研究法属于非接触性的研究方法,因为研究文献并不与文献中记载的人或事实直接接触。文献研究法主要是指搜集、鉴别、整理文献,并通过对文献的研究形成对事实的科学认识的方法。文献研究法具体包括文献资料的查阅、文献资料的积累和文献资料的整理分析等。

第2章 文献综述与外文翻译

文献综述和外文翻译在毕业论文(设计)写作过程中有着重要的作用,毕业论文(设计)在写作之前需要进行前期的文献查找和翻译工作。因此,本章主要介绍如何查阅文献、进行文献检索和文献综述,以及开展外文翻译的相关内容,仅供参考。

2.1 毕业论文(设计)的文献综述

2.1.1 文献分类

什么是文献?很多场合都会用到"文献"这个词,含义却不尽相同。如"文献综述"和"文献研究"就是社会调查研究中经常用到的术语,但文献综述和文献研究中的文献有不同的含义,我们首先要加以区分。

文献综述中的文献指的是学术研究中可能用到的参考资料,如学术专著、期刊文章、会议论文和政府文件等;而文献研究中的文献的概念要更加广泛,它是指所有记录人类行为的资料,除了文献综述所包含的文献,还包括电影、报纸、小说、照片等各种媒体资料。

文献综述也叫文献评论,是对到目前为止与某一研究问题相关的各种文献进行系统查阅、分类总结,并对其与拟研究题目的关联性进行评述。

查阅文献是毕业论文(设计)写作过程中的一项重要工作,当我们发现感兴趣的现象或问题时,通过查阅相关的文献可以了解一定领域的研究状况,以便更好地进行课题选择,明确研究的问题和进行具体的研究设计。当然,在定性研究中,查阅文献贯穿研究的整个过程,以帮助我们厘清研究的思路,分析和解释收集到的资料。

按照文献所属的不同书面形式,通常我们将文献分为学术专著、学术期刊论文、学位论文、政府文件和会议论文等。

(1)学术专著。一般来说,超过8万字的学术论文就可以称为学术专著。当然,大多数学术专著的字数可能要更多一些。学术专著是较为系统、全面地对某一个问题进行的研究,比单篇论文更具专业性。学术专著在图书馆或有关的数据库中可以查找。

(2)学术期刊论文。学术期刊刊发的文献就是学术论文,而非学术期刊刊发的文献则种类多样,有文件、报道、讲话、体会、知识等,非学术期刊的文献只能作为文献研究的资料而不能作为文献综述的资料。学术期刊论文目前由专门的数据库收集,如"中国知网"的中国学术期刊网络出版总库基本上收集了国内所有重要学术期刊的文章。

(3) 学位论文。学位论文是指作者为了获得学位所撰写的论文。我们按照《中华人民共和国学位条例》的规定,把学位论文分为学士论文、硕士论文、博士论文三种。高等学校或研究机构的学生为取得学位,在导师指导下完成的科学研究、科学实验成果的书面报告就是学位论文。这三种学位论文在内容、格式、工作量等方面有严格要求。学位论文在各高等学校图书馆的论文数据库中可以查到。

(4) 政府文件。政府文件是行政机关和各级党政组织在行政管理过程中形成的具有法定效力的规范文本,是依法行政和进行公务活动的重要工具。政府文件一般公布在报纸上或政府机关的网站上。

(5) 会议论文。会议论文是在会议等正式场合宣读的论文,它也属于公开发表的论文。一般正式的学术交流会议都会出版会议论文集,如果会议论文没有出版一般比较难查找,只有找到会议的主办才有可能查到。

2.1.2 文献查阅方法

1. 做好查阅文献的准备工作

在当今的信息时代,一篇毕业论文(设计)所涉及的相关文献往往数量巨大,所以查找文献是一项重要而又艰苦的工作。在浩如烟海的大量文献中,如何才能发现关键的主题、概念和理论呢?在文献检索之前,最好能和指导教师、同学等一起确定论文研究的主题,确定和研究主题相关的关键词有哪些,这些关键词可以帮助你引出所需要的信息。另外,要有一个大概的文献查阅计划,因为研究者用于文献回顾的时间有限,所以需要有计划、有步骤地进行。计划的内容包括:查找资料的范围、数量、类型及使用哪些工具进行查找,如查阅多少本书,多少篇文章,中文、英文各多少,去哪几个图书馆,哪个网站,如何做记录,包括文献来源索引、摘要和文献具体内容的记录等,以及时间安排等,制订计划可以使文献查找工作有条理、有步骤地进行。

2. 查找文献

毕业论文(设计)最主要的文献来源有学术期刊论文、学术著作、学位论文、政府文件和会议论文等,从哪些文献入手查找呢?一般来说,学术期刊论文、报告等由于篇幅短小、重点突出而具有较好的时效性。阅读最新的学术论文、报告是把握该领域研究进展最快和最有效的方法,在确定研究领域后再查找相关的学位论文,将毕业论文(设计)进行系统化设计。因此,我们要从学术期刊论文开始查找。

1) 学术期刊论文

学术期刊论文是文献查找中最主要的部分。信息化时代网络的普及为学生查找学术期刊论文提供了极大的便利,研究者可以在办公室、学校图书馆等地进入中文期刊检索网站,输入关键词就可以快速检索出与自己研究课题相关的学术期刊论文。因此,确定适当的关键词对于找到自己需要的文献很关键。关键词可以是研究课题中的主要概念、学科领域或相关的理论名称等。过于笼统的关键词会检索出太多的参考文献,使研究者无所适从,过于具体的关键词则可能无法检索出足够的参考文献,而错误的关键词可能会使研究者误入歧途。所以,与指导教师进行讨论确定从哪个关键词着手查找很重要。一旦开始检索,很可能出现新的、也许还是更好的关键词,因此对已经检索过的关键词做好记录也是必要的工作。

具体而言,确定关键词要注意两点:一是要注意涵盖与课题相关的不同主题范围,如农村劳动力回流对农村社区的影响主要是政治、经济、文化等方面,因此查阅文献时相关的主题或理论就有社区治理、回乡创业、人力资源开发、社会资本、社会网络等。二是注意对同一主题选择不同的关键词6~8个,如查找有关品牌管理的文章,可以用关键词品牌管理、品牌策划、品牌发展等。

对于中文期刊,学生可以在学校图书馆内的电子资源中进行搜索,学校购买了部分文献的下载权限,如果有的期刊论文无法下载,我们可以直接利用"百度"等搜索引擎,输入关键词进行查找。

文管类专业的同学查阅文献比较方便的国内数据库有中国知网(CNKI)、国家哲学社会科学文献中心、万方数据库、维普数据库等。其中,中国知网(官网:https://www.cnki.net/)是全球最大的中文数据库,覆盖了学术期刊、专利、国内外标准、科技成果、报纸、年鉴、优秀博士和硕士学位论文、会议论文、国际文献等信息资源,涵盖基础科学、文史哲、工程科技、社会科学、农业、经济与管理科学、医药卫生、信息科技等领域,文献总量超过2亿篇。国家哲学社会科学文献中心(官网:http://www.ncpssd.org/journal/index.aspx)是国家免费向公众提供的学术资源库,主要开设了资讯、资源、专题、服务4个栏目。其中资源包括中文、外文学术期刊7 000多种,还有外文图书、古籍等4类,上线文献数据超过1 000万条,与国内60多家社会科学研究机构网站导航链接,初步形成了国家哲学社会科学学术期刊数据库、外文学术期刊数据库、中国社会科学院科研成果数据库等特色资源数据库。

值得注意的是,学术期刊是大多数研究者传播新发现的场所,具有权威性和科学性,与非学术期刊不同。学术期刊也因领域和类型的不同而有所不同,有综合性的、专业性的,有的以发表研究报告为主,有的以发表学术论文为主;而且同一领域,学术期刊的质量有所不同。因此,大家在查找期刊论文的时候还要注意其他方面的细节,如期刊名称、期刊类型、著者等,尽可能查找该领域范围内重要的、权威的文章。目前国内比较权威的期刊可以参照北京大学中文核心期刊目录及南京大学核心期刊目录。

如果需要查找外文文献,可以通过Social Science Index(社会科学索引,简称SSI)查找。SSI收录了全世界最重要的英文社会科学期刊发表的论文题目。此外,各社会科学专业学科还有专门的索引或具有索引功能的专门论文摘要期刊,如社会学中的Sociological Abstracts(社会学摘要)、Social Science Abstracts(社会科学摘要)等。首选的五大期刊数据库为爱思唯尔ELSEVIER、EBSCO数据库、Springer(施普林格)、Emerald、AGE Premier等。

2) 学术专著

与研究领域相关的专著能为研究者提供相对全面、系统的知识和理论,学术专著的查找主要是在图书馆进行。每个图书馆按图书分类法把各学科书籍分类编排。通常在大学、研究机构的图书馆和国家图书馆有专门的计算机检索工具,我们可以通过"书名"

"作者""主题词""检索号"等关键字段进行检索,查询到以后再进行借阅。目前有很多图书馆还开办了馆际互借业务,使读者查找借阅资料更为方便。

3)学位论文

各高等院校和研究机构的硕士、博士学位论文可以通过中国学术期刊网进行检索,检索的方法和学术期刊的方法是一样的,但由于各高校所拥有的学位论文资源不同,所以研究者检索完毕可以选择到相应的高校购买。当然有很多检索网站的数据库也收录了学位论文,如中国知网就有中国博士学位论文全文数据库、中国优秀硕士学位论文全文数据库。

4)政府文件

政府文件的查找和收集相对比较困难,因为这些文件有些并不公开发表,研究者可以自己通过相应的中央、地方政府网站收集,也可以到当地政府部门、档案馆进行收集。

5)会议论文和政策报告

会议论文和政策报告相较于政府文件容易收集一些。政策报告一般会公开发表,我们可以到政府网站进行收集,有的还可以到新华书店购买。至于会议论文,我们可以在会议论文检索网站进行检索和下载,如中国知网、万方数据库等都有专门的会议论文数据库,可以查找到各种会议论文。

其他相关的文献资料还包括各种统计年鉴、统计资料、资料手册等。通常国家有关部门出版的统计资料和年鉴是我们探索某一研究问题的宏观依据和背景资料。我们可以利用网络来查找相关资料,如进入国家统计局官网,可以查找国家有关人口、经济社会发展的统计资料;如果想查找有关农业发展的政策,可以进入中华人民共和国农业农村部官网;如果想查找有关社会经济的新闻,可以进入新华网。

另外,通过文献来查找文献也是一种很好的方法,如我们研究乡村治理、外国文学、李白诗歌时,发现一本这方面的权威专著或论文,就可以从书或论文后面列出的参考文献入手,查阅相关的乡村治理、外国文学、李白诗歌文献,从中很可能发现重要的文献。

3. 挑选文献

在大量的文献面前,我们需要做出分类:哪些资料是可以大致浏览的,哪些资料是必须详细阅读的。那么,怎样挑选有用的文献呢?我们可以考虑四个因素:一是研究的相关性,所选的文献必须和研究课题密切相关,关系不紧密的可以省去不读或大致浏览一下。二是注意发表的时间,要挑选发表或出版的时间更近的。一般来说,在其他方面的情况差不多时,近期的资料学术价值更高一些。三是作者的学术地位。一般来说,作者的学术地位越高,文章的权威性越高。四是根据刊物和出版社来选择,即要选用学术刊物上发表的论文、研究报告,不用一般报刊上的文章。

4. 阅读和进行文献综述

挑选好文献后,就开始阅读和进行文献综述了。阅读和分析文献时要注意做好笔记,一方面对主要的概念、重要的研究发现、研究方法、对未来研究的建议等要做好记录;另一方面对每条文献记录的出处要做好索引,以便日后引用时方便查找。在阅读文献的时候要特别注意文献中所涉及的研究理论框架和研究背景、主要的研究结论,注意已有研究所使用的研究方法，包括研究对象、抽样设计、样本选择、资料分析等，因为在文献综述和日后的研究中很可能会用得到。

2.1.3 文献综述的功能

在确定了研究题目后，接下来的工作便是要到图书馆去搜索相关文献资料，其结果将以文献综述的形式加以反映。文献综述不应只是对文献的简单罗列，而应该是对某一专业课题前人研究成果的归纳和整理，并尽可能加以评述。

文献综述是在针对某一研究领域或专题搜集大量文献资料的基础上，就国内外在该领域或专题的主要研究成果、最新进展、研究动态、前沿问题等进行综合分析而写成的，能比较全面地反映相关领域或专题历史背景、前人工作、争论焦点、研究现状和发展前景等内容的综述性文章。"综"是要求对文献资料进行综合分析、归纳整理，使材料更精练明确、更有逻辑层次；"述"就是要求对综合整理后的文献进行比较专门的、全面的、深入的、系统的评述。

文献综述是非常重要的，因为没有它，研究者就不会理解前人对此课题已经做了哪些工作，是怎样对它进行研究的，它的关键问题是什么。这可使研究者避免重犯前人犯过的错误，或者重复前人已经做过的工作，还会使研究者洞察到题目中一些值得详细探讨的问题。

文献综述为研究者提供了一个方便的导引，因而成为众多研究的奠基石，使研究者能够紧跟该领域研究的前沿。文献综述的深度和广度在一定程度上决定了研究者在该领域从事研究的成果水平。

文献综述的作用主要有四个：
（1）说明研究者的课题值得研究的原因。
（2）给读者提供一个与课题有关的文献的最新简介和讨论。
（3）提供与课题相关的概念和理论背景。
（4）讨论同一课题或相近课题上已经开展的相关研究。

2.1.4 文献综述的写法

文献综述并非是别人研究成果的简单罗列，它需要作者进行必要的遴选和提炼，并按照一定的格式重新梳理归类。文献综述可以是对该研究课题相关争论的理论演进的描述，也可以是对传统资料的一种新的提炼或新旧资料的重新组合。切记不要把你读到的每一篇文献的相关观点进行简单罗列，而是应该按照其中的观点、研究问题的不同等综合起来加以表述。

相同问题的研究成果可以归集在一起。或许它们依据的基本理论是一致的，但是因为研究的视角不同，就可以分别归纳出不同的解决之法。文献综述应该透过这些研究成果说明某一研究趋势，而不是要支持或反对某一种观点。比如，如果拟研究的主题是"企业集团的绩效考核"问题，目前理论界的主要观点有五种，则分别将这些观点的重要代表人物及其观点用"×××（2020）认为"的形式加以表述，括号里的数字表示其文章发表的年份。

2.1.5　文献综述的内容

文献综述的写法一般无固定格式,文献综述在逻辑上要合理,可以按文献与毕业论文(设计)主题的关系由远而近进行综述,也可以按年代顺序综述,也可以按不同的问题进行综述,还可以按不同的观点进行比较综述。总之要根据毕业论文(设计)的具体情况撰写,对毕业论文(设计)所采用的全部参考文献分类、归纳、分析、比较、评述,应特别注意对主流、权威文献学术成果的引用和评述,注意发现已有成果的不足。

文献综述的最后部分一般应对前文内容从整体上做出简明扼要的总结,重点说明对毕业论文(设计)具有启示、借鉴或作为毕业论文(设计)重要论述依据的相关文献中已有成果的学术意义、应用价值和存在的不足,提出自己的研究目标。

对综述中所引的文献应标明出处,它不仅仅表示对被引用文献作者的尊重及引用文献的依据,也为评审者审查提供了查找线索。参考文献的编排应条目清楚,查找方便,内容准确无误。

2.1.6　文献综述写作的注意事项

文献综述写作前,首先应该明确自己的研究领域。研究领域过泛或者过窄都有可能影响最后的论文写作。研究领域过泛,则需要阅读的文献量过多而且复杂,可能影响毕业论文(设计)的如期完成;研究领域过窄,有可能会找不到更多有价值的参考资料。出现这种情况多数可能是题目方向选错了。

其次,要留意找到的文献资料有没有过时,尤其是数据方面,因为如果不能够把握最新的研究前沿,文献综述的质量将大打折扣,直接会影响毕业论文(设计)的质量。

最后,应该尽量避免直接引用别人研究成果中的原话,那样会使文献综述冗长乏味,应该更多地用自己的语言概括别人的观点,并且论述中也要有理有据。

2.2　毕业论文(设计)的外文翻译

外文翻译是训练学生外语和专业知识的重要手段,一方面有助于提高学生对外语的掌握程度,另一方面也使学生的专业知识得到总结和升华。经管类专业学生需要进行 2 万字符的外文文献翻译工作(日、俄语生可以选择日、俄语文献,具体翻译字数应与指导教师确认),外国语学院各专业学生对本项内容不做要求。

2.2.1　外文翻译的写作要求

1. 内容要求

外文翻译写作要求提交外文原稿、翻译原稿、教师批改稿及翻译定稿四部分。

2. 格式要求

(1) 页码,位于页脚,五号字,居中,采用阿拉伯数字连续编排,封皮无页码。

(2) 页边距:上 2.54 cm,下 2.54 cm,左 3 cm,右 2 cm。

(3) 距边界：页眉 1.5 cm，页脚 1.75 cm。

(4) 行距：多倍行距 1.3。

(5) 字体及字号。①一级标题，宋体，四号，加粗；②二级标题，宋体，小四号，加粗；③正文部分，宋体，小四号。

2.2.2 外文翻译的注意事项

所选外文需要与专业和论文题目紧密相关，在进行翻译之前，需要得到指导教师的认同后方可进行，否则视为本工作未完成，不予参加答辩。

(1) 在文献选取时，切忌寻找中英文对照的资料上交，否则视为本工作未完成，不予参加答辩。

(2) 严禁利用翻译软件翻译英文资料，一经发现，视为本工作未完成，不予参加答辩。

(3) 严禁选择中文文献用翻译软件翻译成英文后上交，此类行为极其恶劣，一旦发现不予参加答辩。

第3章

毕业论文（设计）开题

3.1 毕业论文（设计）开题要求

3.1.1 开题报告的相关要求

开题报告是在查阅文献并做好文献综述后的活动，其实是写作毕业论文（设计）前的一次"预研究"，目的是检验一下学生选择的论文题目或者写作大纲是否可行，以及有无研究价值。

通过文献查阅，我们就能确定所要做的毕业论文（设计）的题目及其内容。把毕业论文（设计）内容以章、节、目（注：一定要详细写到二级标题，最好是三级标题，否则指导教师们可能也不知道你究竟要写什么，也就失去了指导的意义）的形式写下来，向由若干指导教师组成的答辩组汇报，听取导师们的意见和建议并加以修改，以使论文结构更合理，内容更充实，从而在论文写作中少走弯路。

如果开题报告得到答辩组老师的认可，或者经过修改通过之后，就可以着手写论文了。因此开题报告是论文写作中非常重要的阶段。

符合以下几个前提条件的学生可以提交开题报告：

(1) 必须修满专业培养计划所规定的学分数和学分积点数。

(2) 已经查阅了至少20篇（其中2篇外文）相关内容的文献资料，对自己所写论文的研究范围、内容和研究前沿已明确。

(3) 对毕业论文（设计）的章节结构已基本思考清楚，并能以文件的形式表示出来。

(4) 对论文写作的难点、工作量大小已比较清楚。

(5) 填写了"论文开题报告书"，并经导师签字认可。

3.1.2 开题报告的内容

学校有专门的开题报告表格，应按要求填写。开题报告的主要内容包括：

(1) 选题的意义，即说明选择该论文题目的原因，所选题目的理论意义及其实用价值。

(2) 国内外研究现状，即在文献查阅的基础上对毕业论文（设计）所涉及领域的国内外研究现状进行评述(这部分内容要求 2 000 字左右),具体内容参见 2.1 节的相关部分。

(3) 研究目标,即所写毕业论文(设计)的目的表述,主要说明通过论文的研究能够解决哪些问题或者进行了哪些探究。

(4) 主要内容,即描述论文的主要结构和内容,最好到三级标题的内容,至少要到二级标题的内容。

(5) 实施方案,即反映论文写作的工作量情况和工作进度。

(6) 研究方法,即论文所采取的研究方法。

(7) 论文特色和创新之处,即在论文所涉及的范围内自己的创新点,可以是理论研究方面的,也可以是应用研究方面的。每一篇论文必须有自己的创新点。

(8) 参考文献,即列举查阅的主要参考文献资料至少 30 篇以上,其中外文文献 2 篇以上。

3.1.3 开题报告的写作要求

1. 标题及正文

(1) 一级标题序号使用阿拉伯数字,如"1.、2.",宋体,五号,加粗。

(2) 二级标题用"(1)、(2)"的形式,宋体,五号。

(3) 正文部分用宋体,五号。

(4) 引用的文献与后面的参考文献相对应。

2. 页码及页边距

(1) 页边距:上 2.54 cm,下 2.54 cm,左 3 cm,右 2 cm。

(2) 距边界:页眉 1.5 cm,页脚 1.75 cm。

(3) 行距:固定值 17 磅。

3.2 开题报告会

3.2.1 开题报告会的安排

开题报告会通常由各学院各个专业负责组织和开展,提前将开题报告会的时间、答辩地点、答辩组成员、答辩的相关内容及具体安排上报教务处和学院,以备监督检查。

3.2.2 开题报告会的要求

毕业论文(设计)工作开始后,以专业为单位组织开题答辩。参加毕业论文(设计)开题报告的学生以演示文稿的形式向考核小组汇报前期工作,重点介绍选题的意义、研究内容、研究计划和论文框架结构等。开题答辩时间每人约 20 分钟,学生自述时间约 10 分钟,答辩时间 10 分钟,由答辩组教师提出修改意见。

3.2.3 开题报告会的评价

开题报告会的结果有三种:

（1）通过。论文结构合理，内容有自己的创新。学生在听取导师组的意见并加以修改后，可开始撰写论文。

（2）修改。论文结构不甚合理，或内容陈旧没有创新。学生应根据导师组的意见加以修改，并在一周之内交给指导教师审阅认可后，才能开始撰写论文。

（3）不通过。不符合开题报告的要求，论文结构混乱或选题不恰当的不予通过。学生应重新接受开题审查，否则不能进行论文撰写。

注意：各专业在开题报告会结束后，及时上报开题不通过的学生名单，由学院在一周后组织学生参加第二次开题报告会。

第4章

毕业论文（设计）中期检查

4.1 毕业论文（设计）中期检查要求

为了解和掌握学生毕业论文（设计）的进展情况，保障毕业论文（设计）的质量，需要开展毕业论文（设计）中期检查工作。检查主要以学院自查为主，学校抽查为辅。

4.1.1 学院自查

学院自查针对不同的专业更具有针对性。为切实保证毕业论文（设计）的质量，学院自查主要分为指导教师自查和学院专业领导小组自查两个部分。

1. 指导教师自查

指导教师填写《毕业论文（设计）中期检查报告》，对毕业论文（设计）已完成部分的进展和质量情况进行检查，并给出评价意见。同时，督促校外设计的学生参加答辩和上交相关材料。

2. 学院专业领导小组自查

学院针对各专业分别成立毕业论文（设计）中期检查领导小组，小组应由3～5人组成（组长1人），审查本专业中期检查报告的完成情况，由组长签署意见。同时，小组提出本专业参加中期答辩的学生名单（不少于参加毕业论文（设计）人数的1/3，含校外设计学生）上报学院办公室。

4.1.2 学校抽查

学校针对各学院毕业论文（设计）中期检查的整体秩序情况进行随机检查。要求学院根据自身的实际情况，制定切实可行的中期检查方案，并督促各专业、各学院形成《毕业论文（设计）中期检查报告》，内容包括前期过程材料的数量、进度情况、存在的问题、改进措施及后续环节的工作安排等。

学校将组织督导专家组对各学院毕业论文（设计）的中期完成情况及任务书、外文翻译、开题报告、中期检查报告、周进展、阶段成果、论文初稿等过程材料进行随机抽检。

4.2 毕业论文(设计)中期答辩

对学院各专业毕业论文(设计)中期检查领导小组抽检的学生进行中期答辩,答辩结束后填写中期检查情况统计表,上报学院办公室汇总整理。

4.2.1 中期答辩安排

答辩采用分组答辩的形式,答辩整个过程中每组不少于 3 名教师。指导教师与学生不强制要求采用背对背和匿名方式,建议采用按学号顺序进行答辩,以免出现学生答辩遗漏。

答辩以学生自述为主,答辩组集体指导,每个学生答辩 8~10 分钟,答辩时采用 PPT 演示前期的研究成果与进展,并提交毕业论文(设计)中期检查相关材料 1 份,供各位答辩老师轮流审阅。

4.2.2 中期答辩材料

答辩组需要综合审核学生论文的选题和具体进展情况,审核材料包括任务书、外文翻译、开题报告、中期检查报告、周进展、阶段成果、论文初稿等。按照毕业论文(设计)进展要求,开题报告和外文翻译需要全部完成,论文(设计)进度完成 1/2 及以上,最终结合答辩情况评定中期答辩结果。

4.2.3 中期答辩结果评定

答辩教师针对学生论文(设计)进展和各项材料的完成情况进行评价,分为提前完成、按期完成、滞后完成 3 个等级,2/3 以上答辩老师的评价结果为不合格时,进行中期二次答辩,两次答辩均未参加或均未通过者,取消毕业论文(设计)首次答辩资格,直接进入毕业论文(设计)二次答辩。

第5章

毕业论文（设计）写作

毕业论文（设计）是在现有知识的基础上，反映学生对所学知识的理解、应用和进行原创性分析评述的一项学术研究工作的书面沟通形式。既然是书面沟通形式，就要求学生必须将自己的思想准确无误地传达给读者，因而格式和标准就是必需的。应该尽量避免文章中的语法和文字错误，也不应使用并非人所共知的缩略语。既然是研究性质的，简单来说，毕业论文就需要发现些什么。

毕业论文（设计）需要有研究的目标和方向。作为一项学术工作，毕业论文（设计）的写作还必须有学术方面的支撑，比如专业数据和资料及对他人研究成果的引证。同时，毕业论文（设计）的研究也不是孤立的，其结果与现有知识基础的关系应该通过文献综述或者论文中引注等方式反映出来。

毕业论文（设计）还必须反映出学生对所研究领域相关知识的理解，用自己的思想和方法（所谓的原创性）去探询一切，大胆设想，小心求证，用严密的理论框架将各种思想和实证结果合乎逻辑地组织起来，对结论进行分析评述。同时，文管类本科毕业论文（设计）应更加强调结合生产实际，突出研究成果的实际应用价值。

5.1 毕业论文（设计）的总体要求

文管类专业的学生需要独立完成毕业论文（设计），从选题、论文大纲、正文撰写、修改完善、毕业答辩到成绩评定，整个过程历时约6个月。

5.1.1 毕业论文（设计）的内容要求

对于毕业论文（设计），要求学生结合单一或多个企业的实际情况，提出一个文管方面的具体问题，然后分析问题的实质，并寻找解决问题的具体方法。在撰写毕业论文（设计）时，学生需要把在课堂上学到的知识运用到分析过程中。毕业论文（设计）针对的应当是文管领域的实际问题，不提倡讨论纯管理理论问题；但是，对实际问题的分析，需要借鉴前人的研究成果：一方面，综述与该问题有关的管理理论；另一方面，还要了解、借鉴国内外企业的最佳实践，避免已知的常见误区，形成分析问题的框架，然后对具体问题展开有理论、有依据、有分析的研究。

5.1.2　毕业论文(设计)的格式要求

毕业论文(设计)不仅是学生的学习成果,还是学校宝贵的资源。学生的毕业论文(设计)将保存在学校的图书馆和档案馆,成为公开的、永久性的学术资料,特别是被评为校级优秀以上的毕业论文(设计)将在互联网上予以发布。因此,每名学生应当按照附录E的相关格式规定,认真撰写、校对、修改毕业论文(设计),以方便查阅和参考。

5.1.3　毕业论文(设计)的方法要求

毕业论文(设计)成绩优秀表明学生在某一领域做出了重要的、可接受的研究工作,并具有本科乃至硕士研究生水平的分析问题和解决问题的能力。通过课题报告研究,学生应当掌握管理研究的基本方法,充分利用学校及其他单位的数据库、文献库等资源,以及现有的研究成果。熟悉经济管理研究的主要数据库和检索方法,是本科学习的一项重要内容,也将成为学生未来成功管理实践的积淀。

5.2　毕业论文(设计)的构思和提纲的拟制

5.2.1　构思和拟制提纲的要点

构思和拟制提纲是使论文格局成形的主要过程,也是论文写作的依据和修改标准。

(1) 确立论点。学生应结合实习单位的情况和实习行业现状,考虑应从什么角度,以哪种方式提出论点,从而明确论文题目。

(2) 规划层次段落。考虑整体框架,确定由几个层次来论证中心论点、各层次的关系及先后顺序。

(3) 精选材料。选取实习单位或行业的可靠资料和数据,要考虑那些信息量大、信息新、有说服力的材料,并考虑材料的使用位置。

(4) 协调结构布局。要结合企业的现实情况、存在的实际问题,正确反映客观事物的发展规律和内在联系,按照"提出问题—分析问题—解决问题"的原则,拟定论文提纲。

5.2.2　构思和拟制提纲的方法

(1) 用最简洁、鲜明的语言概括论文主旨,拟定题目。
(2) 用写主题句的方法概括出中心论点。
(3) 合理安排结构布局,确定从哪几个方面论证中心论点。
(4) 将资料分配至所要证明的论点。
(5) 考虑段落的具体安排,写出每段的段旨。

5.3　毕业论文(设计)的结构

毕业论文(设计)主要由摘要、目录、正文、致谢、参考文献、附录(可以没有)等组成。

5.3.1 摘要

摘要包括"摘要"二字、摘要内容、关键词（3～5个）。摘要内容应包括论文的主要目的、内容、结论与成果等，字数在200～400字。此外，还应撰写英文摘要。

摘要是论文内容的简短陈述，它应具有独立性和自含性，即不阅读论文的全文，就能获得必要的信息。摘要的内容应包含与论文同等量的主要信息，以说明研究工作的目的、实验研究方法、结果和结论，重点是结果与结论。摘要页置于封面页后。英文摘要置于中文摘要页后，为中文摘要的英文翻译。关键词是从论文中提取出的反映主题内容的单词或术语，一般选取3～5个词作为关键词。关键词之间用分号隔开，最后一个词后不打标点符号。摘要部分的页码单独编制，为Ⅰ、Ⅱ……形式。

5.3.2 目录

按二级或三级标题自动生成编写。

5.3.3 正文

（1）引言（也可以使用"绪论"，绪论的写法在此不详述）。引言又称前言、序言或导言，用在论文的开头。引言一般要概括地写出作者的意图，说明选题的背景、目的和意义，并指出论文写作的范围及方法。引言作为一个章节，应在目录中标明，要短小精悍、紧扣主题，字数在500字左右。

（2）综述。详见2.1节，在此不再赘述。

（3）论文正文。正文是论文的主体，应包括论点、论据、论证过程和结论。主体部分包括以下内容：

① 提出问题——论点。
② 分析问题——论据和论证。
③ 解决问题——论证方法与步骤。

论文正文中的图、表要按章编号，并标出图、表名称。

（4）结论。正文结束时，应写有结论。结论作为一个章节，应在目录中标明，以400～600字为宜。

（5）课题研究的不足之处与下一步工作展望。指出课题研究还有哪些地方存在不足，并指出课题的下一步研究方向与内容。

5.3.4 致谢

致谢是一篇完整的毕业论文（设计）必不可少的部分，是论文（设计）作者对论文（设计）写作过程中，或对论文（设计）的审查、评阅和答辩等做出贡献的老师、同学、家长、朋友的一种尊重，是论文（设计）写作的基本礼仪。

5.3.5 参考文献

参考文献必须是学生本人真正阅读过的文献，且以近期发表的文献为主，应与论文工作直接有关。论文中引用参考文献之处须注明参考文献序号,并在文中的相应位置用阿拉伯数字置于"[ ]"中以上标的形式标注,如"产学研[1]"。不得将引用文献标识置于各级标题处。参考文献的数量不少于30篇,至少包括3篇外文文献。

5.3.6 附录

有必要附于论文中的图、表、资料等。

5.4 毕业论文(设计)的提交

5.4.1 毕业论文(设计)提交前的自查项目

1. 内容检查

(1) 是否在论文开头就确定了研究目标?是否讨论了该课题的重要意义?
(2) 是否明确界定了所研究的问题,确保抓住了问题的实质,而不仅仅是表象?
(3) 是否借鉴了前人的研究成果,是否应用了相关理论,并尽可能地将理论与具体问题相结合?
(4) 是否在分析和建议之间建立起明确的联系,从而使建议不会显得过于缺乏依据?
(5) 是否讨论了其他可能的方案、假设及其局限性?
(6) 论文中是否论及自己是如何进行研究的(比如,是否进行了文献研究、问卷调查、实地采访、实地实习,咨询过行业专家或相关政府机构等,抑或是根据个人感受或经验展开的)?
(7) 如果论文(设计)中采用了他人的研究成果(包括企业的内部文件、公司的分析报告等),是否说明了哪些是已有的成果,哪些是自己的研究成果?

2. 格式与完整性检查

(1) 检查论文题目用词是否准确,是否与主题内容一致;课题信息是否正确,如学生、指导教师等的信息;论文的时间是否准确;封面内容填写是否完整,版面格式是否工整等。
(2) 中英文摘要是否涵盖了研究目的、研究内容、研究结果及研究结论,且中英文的内容相一致,英文的专业名词用词准确。
(3) 开题报告的内容填写完整,专业审查意见齐整,日期填写准确。
(4) 实验记录齐全,与论文的内容一致,且要有定期的批改痕迹。
(5) 英文翻译内容齐全,涵盖原稿、终稿及中间有批改痕迹的稿件。
(6) 参考文献是否格式准确,且出现的顺序与正文中出现的顺序一致。
(7) 评阅材料完整(指导、评阅及答辩记录表齐全),日期准确。
(8) 各项材料的署名和盖章完整,资料袋内的材料完整,且目录标注准确。

5.4.2 毕业论文(设计)的提交要求

学生应在规定的时间内提交开题报告、毕业论文(设计)初稿、答辩稿和终稿,完成指导教师所要求的修改工作,其中开题报告和论文(设计)终稿需要提交电子版(打印稿应符合各学院具体要求)。

学生按照要求完成自查后,交由指导教师进行检查,检查有缺失或遗漏的,返给学生进行修改,论文重复率较高的,则提交学院进行处理,确认无误的论文提交教研室进行核对,经检查合格后交由专业/学院保存。

5.5 毕业论文(设计)撰写的常见问题与指导建议

根据以往毕业论文(设计)的指导经验,在毕业论文(设计)的撰写过程中存在以下常见问题。

5.5.1 选题把握不准

(1)选题不够新颖,缺乏前瞻性,不能发现和确定本学科研究方向具有前瞻性的问题,习惯从现成的论文文献中寻找所谓的热门话题,选题缺乏新意,创新少。

(2)部分选题题目过大,研究对象不明确,不能从选题本身体会到论文的研究主旨和价值取向。

(3)理论性太强,选题难度太大,超出了本科生能够把握的范围。

建议:关注行业和学科的热点话题,从中提升论文命题;调整选题的研究角度,独辟蹊径,对已经热门话题做适当的剪裁和调整,如从某个视角研究热门话题;研究对象尽可能具体化,缩小研究范围;准确界定选题的研究主旨和价值取向,从选题中表达鲜明的研究内容。

5.5.2 论文构架逻辑性不强、论证不足

(1)借助他人的有关概念构建自己的论文框架和逻辑起点,缺乏必要的介绍和说明。

(2)引用有关观点和资料证明论文观点,生搬硬套,显得牵强附会。

(3)论文中的问题和解决方案之间的对应关系不够完整严密,问题缺乏足够的原因解释,提出的解决方案针对性、系统性、可行性和有效性不够。

建议:撰写论文时要有一定的逻辑性,对于构造论文的基本概念(范畴)之间的逻辑关系一定要思考清晰,表述准确,前后照应,防止出现"头小帽子大""头重脚轻""首尾不对应"等问题。要将研究问题论证清晰,有层次地运用恰当的论证方法解决问题。

5.5.3 摘要撰写混乱

(1)没有掌握毕业论文(设计)摘要的撰写规则,目的不明确,方法交代不清,结果、结论模糊。

(2)摘要内容与正文关联性不强。

(3)英文摘要质量不高,英文摘要部分句子是中、英文的直译。存在翻译不准确、不通顺、较多语言错误等问题。

建议:摘要应具有独立性和自含性,是一篇完整的短文,一般应说明研究工作的目

的、技术方法、内容及所取得的研究结果和结论等,重点是研究结果。要求结构严谨,表达简明,语义确切。要在内容一致的情况下符合中、英文各自的语言习惯。

5.5.4　行文不严谨

(1) 思路不清晰,缺乏基本学术论文的写作训练。

(2) 文章内容前后关联性不强,在原因分析、对策建议等方面没有针对存在的问题进行分析。

(3) 文不对题。论文题目与内容之间并不契合,在论文中较为常见的是题目过大,而内容较浅或少,不能充分体现题目涵盖的研究实质;前期叙述过多,铺垫过长,应紧扣主题,围绕一个中心叙述,详略得当,主次分明;在设计类型的题目中,子题目的缺少是常见的问题。

(4) 重复率较高,学生阅读文献量不够,论文中的很多内容出自某几篇文章,造成重复率较高,为了降低重复率,学生对句子进行了修改,造成句子的可读性变差。

(5) 毕业论文的完成没有充分按照任务书的要求进行,包括篇幅不够、文献不足、图纸数量不够或标号不符等,学生应仔细核对任务的有关要求,逐条完成。

建议:多阅读论文和文献,掌握基本概念的界定和阐述方式;在阅读中通过概括和转述,以札记的形式再现出来,力戒照抄他人的文字;坚持论文要有"问题意识",应该按照"提出问题—分析问题—解决问题"的思路撰写论文,形成自己的论文表述风格。

5.5.5　格式不规范

(1) 标题序号不一致,多种序号混用。

(2) 图、表不编号或编号混乱,甚至为扫描图或截图。

(3) 数据不一致,使用不同的单位。

(4) 全角、半角混用等。

(5) 字体、字号、行间距、页码、参考文献标注等格式不规范。

建议:严格按照附录 E 规范论文格式;论文封面、摘要、正文、图、表、页眉、参考文献标注、致谢、附录等内容,严格按照要求逐项进行格式调整和规范。

第6章 毕业论文（设计）答辩

6.1 毕业论文（设计）学术不端检测

6.1.1 检测方式

对于已完成的毕业论文（设计），经指导人审核和评阅人评阅通过，拟参加答辩的应届本科毕业生和学院推荐参评校级优秀毕业论文（设计）的学生，应使用"大学生论文抄袭检测系统"进行本科生毕业论文（设计）检测。

6.1.2 检测结果的性质认定及处理

依据检测结果报告书中的文字复制比（R）对学术不端行为的性质进行初步认定，认定标准见表 6-1。文字复制比（R）是指被检测论文与非本人学术成果的文字重合字数占全文的百分比。

表 6-1　文字复制比检测结果认定标准

结果类别	检测结果	性质初步认定
A	$R<30\%$	通过检测
B	$30\%\leqslant R\leqslant 100\%$	检测不通过

（1）文字复制比在 30% 以下的毕业论文（设计）（A 类），视为通过检测，经适当修改后学生可参加毕业论文（设计）答辩。

（2）文字复制比高于 30%（含 30%）的毕业论文（设计）（B 类），视为检测不通过，取消该学生毕业论文（设计）答辩资格，由学院学术分委员会提出处理意见，并报校学术委员会审批。延期时间视具体情况而定。

（3）学院推荐参评校级优秀的毕业论文（设计），需再次进行检测，其文字复制比高于 30%（含 30%）者，取消其评优资格，处理方法按上述（2）执行。

6.2 毕业论文（设计）抽检

为了保证本科生毕业论文（设计）质量，设置了本科毕业论文（设计）抽检。

6.2.1 抽检范围及比例

本科毕业论文（设计）抽检工作遵循独立、客观、科学、公正的原则。

毕业论文（设计）抽检每年进行两次，第一次为本学年待授予学士学位学生的毕业论文（设计），抽检比例不低于3%。第二次抽检针对当年存档的已授学士学位的毕业论文（设计），两次抽检比例之和原则上不低于6%。

6.2.2 抽检结果反馈

抽检结果以适当的方式向各专业和抽检学生公开，对"存在问题的毕业论文（设计）"，责成该学生所在专业提出整改要求和整改期限，并督促学生按时完成相应的整改。

6.3 毕业论文（设计）答辩的要求与程序

学生必须于答辩前一周将毕业论文（设计）按要求提交指导教师审阅；系（教研室）安排评阅人对学生的毕业论文（设计）质量和学术水平进行评阅，写出评语并给出成绩。经指导教师或评阅人认定毕业论文（设计）质量和水平未达到本科生毕业要求者，不能参加正常的毕业答辩，直接进入二次答辩。

6.3.1 答辩要求

（1）学生按照任务书的要求提交规定数量的毕业论文（设计）打印稿。
（2）用PPT准备答辩。
（3）每人答辩时间一般应在20分钟以上，其中，个人陈述10分钟以上，教师提问和学生回答10分钟。
（4）答辩记录。答辩组秘书按要求认真做好答辩记录，答辩记录可以打印或者手写。

6.3.2 答辩内容

（1）论文的背景及目的。
（2）论文的主要研究内容。
（3）论文结论及研究成果。

6.3.3 答辩反馈

答辩结束后，根据答辩材料提交情况及答辩表现，学生能够得到优秀、良好、中等、及格、不及格的不同档次反馈，反馈为不及格的学生，需要参加学院的二次答辩。

其余学生需要根据答辩中提出的修改意见，对毕业论文（设计）进行修改，完成要求的修改内容后，才能获得最终成绩。

6.3.4 答辩的注意事项

（1）毕业论文（设计）答辩应全程采用匿名形式进行，指导教师应回避所指导学生的答辩过程。

(2) 如答辩需要,可聘请其他专业的教师或外单位专家参加答辩。

(3) 答辩小组组长负责管理答辩会场纪律,确保整个答辩过程严肃、公正、有序。

6.4 毕业论文(设计)成绩评定标准

6.4.1 毕业论文(设计)评分标准

参加答辩学生的毕业综合成绩评定原则如下:

总成绩由指导人审阅成绩、评阅人成绩和答辩成绩三部分组成。经管类专业和文科类专业按照各自的情况,分配三部分成绩权重,即

经管类专业总成绩=指导人审阅成绩(15%)+评阅人成绩(15%)+答辩成绩(70%)

文科类专业总成绩=指导人审阅成绩(30%)+评阅人成绩(30%)+答辩成绩(40%)

指导人审阅成绩:单列以百分制打分,由指导教师根据学生的开题报告、中期检查、论文等的完成情况打分,按相应比例计入总分。

评阅人成绩:单列由评阅人以百分制打分,按相应比例计入总分。

答辩成绩:单列以百分制打分,由各答辩委员给出论文(设计)答辩分数,在公开监督的情况下,由答辩组秘书平均各委员的打分,按相应比例计入总分。

6.4.2 毕业论文(设计)综合成绩评定

毕业论文(设计)的综合成绩采用五级分制(优秀、良好、中等、及格、不及格)评定。评分时,将各项所得分数加权求和,以学生所在专业为单位按总成绩排序,然后根据课题难度及成绩分布等进行考核审查,综合确定毕业论文(设计)成绩。

成绩分布控制:优秀成绩人数占比<20%,优秀和良好成绩人数占比<60%,优秀、良好和中等成绩人数占比<90%。

如成绩评定出现较大争议,答辩委员会应请其他专家重新评判。

6.4.3 毕业论文(设计)评分细则

具体的评分细则见表 6-2。

表 6-2 专业总成绩评分标准

评分指标(分值)			得分
1. 指导教师(100分)	1.1 完成任务的水平和质量	1.1.1 资料搜集、整理与论证(15)	
		1.1.2 选题的意义、独立见解和创新性(15)	
		1.1.3 毕业论文(设计)的格式及内容(40)	
	1.2 阶段性成绩	1.2.1 开题报告(15)	
		1.2.2 中期检查(15)	
	指导教师评分总计		

续表

评分指标(分值)			得分
2. 评阅教师 (100 分)	2.1	毕业论文(设计)格式规范(30)	
	2.2	论文质量(40)	
	2.3	毕业论文(设计)的研究特色及创新性(30)	
	评阅教师评分总计		
3. 答辩委员(不含指导教师) (100 分)	3.1	自述情况(30)	
	3.2	回答问题情况(40)	
	3.3	语音、语调及流利程度(30)	
	答辩成绩总计		
学生成绩分值： (经管类)指导教师评分×15%＋评阅教师评分×15%＋答辩成绩×70%＝ (文科类)指导教师评分×30%＋评阅教师评分×30%＋答辩成绩×40%＝			成绩等级

指导教师评分满分 100 分，由学生的指导教师评定，具体的评分标准见表 6-3。

表 6-3　指导教师评分标准

分值	评 分 标 准
90～100	按期圆满完成任务书规定的任务；能熟练地综合运用所学理论和专业知识，选题先进，立论正确，分析严密，结论合理；独立工作能力较强，科学作风严谨；论文有自己独到的见解，水平较高。论文概念准确，结构严谨，逻辑性强，语言流畅，表达准确，完全符合规范化要求
80～89	按期圆满完成任务书规定的任务；能较好地综合运用所学理论和专业知识，选题先进，立论正确，分析正确，结论合理；有一定的独立工作能力，科学作风良好；论文有一定的水平。论文主要概念清楚，结构合理，逻辑性较强，语言较流畅，表达比较准确，达到规范化要求
70～79	按期圆满完成任务书规定的任务；在运用所学理论和专业知识上基本正确，但在非主要内容上有欠缺和不足；选题较先进，立论正确；有一定的独立工作能力；论文水平一般。论文主要概念清楚，基本结构合理，文理基本通顺，无明显的语法错误，语言表达基本准确，论文基本达到规范化要求
60～69	在指导教师的帮助下，能按期完成任务；独立工作能力较差且有一些小的疏忽和遗漏；在运用理论和专业知识上，没有大的原则性错误；论点、论据基本成立，分析基本正确，论文达到基本要求。论文的基本结构合理，论证基本清楚，语句基本通顺，有个别明显的语法错误，勉强达到规范化要求
1～59	未按期完成任务书规定的任务；或基本概念和基本技能未掌握，在运用理论和专业知识中出现不应有的原则错误，论题不能成立；在论证、分析等工作中独立工作能力差；论文内容空泛，结构混乱，表达能力差，语句不通顺，有抄袭现象，未达到规范化要求

评阅教师评分满分 100 分，由非指导教师的评阅人评定。其中包括论文格式规范、论文质量、论文的研究特色及创新性。具体的评分标准见表 6-4。

表 6-4 评阅教师评分标准

分值	评分标准
90～100	能熟练地综合运用所学理论和专业知识,选题先进,立论正确,分析严密,结论合理;论文有自己独到的见解,水平较高。论文概念准确,结构严谨,逻辑性强,语言流畅,表达准确,完全符合规范化要求
80～89	能较好地综合运用所学理论和专业知识,选题先进,立论正确,分析正确,结论合理;有一定的独立工作能力,科学作风良好;论文有一定的水平。论文主要概念清楚,结构合理,逻辑性较强,语言较流畅,表达比较准确,达到规范化要求
70～79	运用所学理论和专业知识基本正确,但在非主要内容上有欠缺和不足;选题较先进,立论正确;有一定的独立工作能力,论文水平一般。论文主要概念清楚,基本结构合理,文理基本通顺,无明显的语法错误,语言表达基本准确,基本达到规范化要求
60～69	在运用理论和专业知识上,没有大的原则性错误;论点、论据基本成立,分析基本正确;论文达到基本要求。论文基本结构合理,论证基本清楚,语句基本通顺,有个别明显的语法错误,勉强达到规范化要求
1～59	基本概念和基本技能未掌握,在运用理论和专业知识上出现不应有的原则性错误,论题不能成立;在论证、分析等工作中独立工作能力差;论文内容空泛,结构混乱,表达能力差,语句不通顺,有抄袭现象,未达到规范化要求

答辩表现评分满分 100 分,由答辩小组答辩委员评定,包括学生自述情况和回答问题情况两个方面,详见表 6-5。

表 6-5 答辩教师评分标准

分值	评分标准
90～100	答辩思路清晰,论点正确,回答问题有理论根据,基本要领清楚,对主要问题回答正确、深入。语音、语调标准自然,语言流畅清晰
80～89	答辩思路清晰,论点基本正确,能正确回答主要问题。语音、语调基本标准,语言流畅
70～79	答辩时,对主要问题的回答基本正确,但分析不够深入。语音、语调基本正确,语言基本流畅
60～69	答辩时,主要问题能答出,或经启发后才能答出,回答问题较肤浅。语音、语调有瑕疵,语言不够流畅
1～59	答辩时,阐述不清论文的主要内容,基本概念模糊,对主要问题回答有错误,或回答不出。语音、语调较差,语言不够流畅

6.5 毕业论文(设计)材料归档要求

在毕业论文(设计)工作结束后,学生需按照要求提交归档材料,需归档的材料如下。

6.5.1 学生上交的毕业论文(设计)材料

(1)在维普论文管理系统内按时提交开题报告、外文翻译(原文、译文、教师修改稿、终稿)、中期报告、任务书、毕业论文(设计说明书)答辩稿、毕业论文(设计说明书)最终稿、相关的附件材料(任务书中规定的图纸、作品、视频、照片等)、最终稿的查重报告、周进展。

(2) 纸质版胶装毕业论文(设计)最终稿1本。其装订顺序为：封面、扉页、中文摘要、英文摘要、目录、正文、结论、参考文献、附录、致谢。

注意：外文翻译草稿需要有指导教师批阅意见。

6.5.2 归档材料要求

(1) 学生由维普系统导出毕业论文(设计)任务书、开题报告、外文翻译(原文、译文、教师修改稿、终稿)、中期报告、毕业论文(设计说明书)答辩稿、毕业论文(设计说明书)最终稿、相关的附件材料(任务书中规定的图纸、作品、视频、照片等)、最终稿的查重报告。

(2) 上述材料电子版存入文件夹，文件夹以学号＋姓名的方式命名，交给指导教师。纸质版胶装毕业论文(设计)直接交给指导教师。

6.6 优秀毕业论文(设计)提交

各学院(专业)根据毕业论文(设计)答辩情况推荐校级优秀毕业论文(设计)，优秀毕业论文(设计)必须有独特的见解、较高的学术水平和一定的实用价值。

校优秀毕业论文(设计)按照各学院(专业)毕业生人数的2%推荐。经学校审核认定的校级优秀毕业论文(设计)必须将原文按附录F缩编成3 000字左右的文件，经指导教师审核后，提交电子文档及打印稿1份。

附录A

毕业论文（设计）任务书模板

大连工业大学
毕业论文（设计）任务书

_____届_____学院_____专业

题 目：_____

子 题：_____

学生姓名	班级	学生学号
指导教师姓名	职称	系（教研室）

下达日期：___年___月___日 完成日期：___年___月___日

题目类型	☑论文、□设计、□综合、□其他	题目来源	☑科研、□教学、□生产、□其他
题目性质	☑科研、□生产、□实际课题、□模拟、□其他		

课题简介：

注：宋体，五号，单倍行距，段前、段后为0，首行缩进2个字符，字母、数字用Times New Roman

具体任务、内容及要求：

注：宋体，五号，单倍行距，段前、段后为0，首行缩进2个字符，字母、数字用Times New Roman

日程安排：预计工作量，共　　　周			
查阅资料、开题报告	第　周～第　周	撰写论文（说明书）	第　周～第　周
设计计算（实验）	第　周～第　周	上交论文（设计）	第　周～第　周
绘图（数据处理）	第　周～第　周	评阅、答辩	第　周～第　周

注：宋体，五号，数字用Times New Roman

指导教师（签字）：＿＿＿＿＿＿＿＿＿＿＿＿＿

系（教研室）主任（签字）：＿＿＿＿＿＿＿＿＿＿＿＿＿

附录B

外文翻译封皮模板

大连工业大学
毕业论文（设计）外文翻译

（注：宋体，三号，英文用 Times New Roman）

20   届   管理   学院   专业

（注：题目和子题均为宋体，三号，英文用 Times New Roman）

题 目：_____

子 题：_____

（注：宋体，四号，英文用 Times New Roman）

学生姓名	班级	学生学号
指导教师姓名	职称	系（教研室）

（注：三号，填写数字用 Times New Roman）

下达日期：   年   月   日   完成日期：   年   月   日

附录C

开题报告模板

大连工业大学
毕业论文（设计）开题报告

届　　　　　学院　　　　　专业

注：宋体，三号

题 目：＿＿＿＿＿＿＿＿＿＿＿＿＿＿＿＿＿＿＿＿＿＿

注：宋体，三号

子 题：＿＿＿＿＿＿＿＿＿＿＿＿＿＿＿＿＿＿＿＿＿＿

注：宋体，三号

学生姓名	班级	学生学号
指导教师姓名	职称	系（教研室）

注：三号，填写数字用Times New Roman

下达日期：　年　月　日　完成日期：　年　月　日

开题报告的内容包括：1.选题的意义；2.简述选题在该领域的水平和发展动态；3.论文（设计）所要设计、研究的内容及可行性论证；4.主要关键技术、工艺参数和理论依据；5.论文（设计）的研究特色和创新之处；6.主要参考文献。

> 注：正文标题，宋体，加粗，五号，段首空两格，单倍行距，段前0.5行，段后0行；
> 正文内容，宋体，五号，英文用 Times New Roman，段首空两格，单倍行距，段前0行，段后0行

实施方案和时间安排（按教学周次安排）：

指导教师意见	签字： 年　　月　　日
系（专业）领导小组意见	组长签字： 年　　月　　日
备注	

注：此表由学生填写，中间页不足时，可另附纸。

附录D

中期检查报告模板

大连工业大学
毕业论文（设计）中期报告

_____届_____学院_____专业

注：宋体，三号

题 目：_____

注：宋体，三号

子 题：_____

注：宋体，三号

学生姓名	班级	学生学号
指导教师姓名	职称	系（教研室）

注：宋体，四号

注：三号，填写数字用 Times New Roman

下达日期：____年__月__日 完成日期：____年__月__日

开题日期			计划完成日期	
论文（设计）进展情况	提前完成□；按期完成□；滞后完成□		能否按期完成	
目前按任务书规定应完成的内容： 注：正文标题，宋体，加粗，五号，段首空两格，单倍行距，段前0.5行，段后0行；正文内容，宋体，五号，英文用Times New Roman，段首空两格，单倍行距，段前0行，段后0行				
目前已完成的内容：				
指导教师意见	签字：　　　　　　　　　　　　　　　　年　　月　　日			
系（专业）领导小组意见	签字：　　　　　　　　　　　　　　　　年　　月　　日			

附录 E

毕业论文（设计）排版规范要求

大连工业大学
毕业论文（设计）

题目：_____

子题：_____

专　　业：_____　指导教师：_____

学生姓名：_____　班级-学号：_____

年　　月

大连工业大学本科毕业论文（设计）

注：居中，宋体，二号，加粗

大连工业大学毕业论文（设计）题目
Subject of Undergraduate Graduation Thesis (Project) of DLPU

注：此处是论文（设计）的中、英文题目，中文题目不超过25个汉字，居中，黑体，小二号，多倍行距1.25，段前、段后均为0行，取消网格对齐选项。英文题目与中文题目对应，居中，Times New Roman，四号，加粗，多倍行距1.25，段前、段后均0行，取消网格对齐选项

论文（设计）完成日期　　20　　年　　月　　日

学　　　　院：_____

专　　　　业：_____

学 生 姓 名：_____

班 级 学 号：_____

指 导 教 师：_____

评 阅 教 师：_____

注：此处按照实际情况填写即可，打印（宋体，四号）

年　　　月

大连工业大学　　　届本科毕业论文（设计）

本科生毕业论文（设计）原创性声明

　　本人郑重声明：所呈交的毕业论文（设计）是本人在指导教师指导下独立研究、写作的成果，论文（设计）中引用他人的观点和参考资料均加以注释和说明。本论文（设计）中没有剽窃、抄袭他人研究成果和伪造数据等行为。对完成本文做出重要贡献的个人和集体，在文中均作了明确的说明并表示了谢意。如有违规行为发生，本人愿承担一切责任并接受学校的处理。

论文（设计）作者签名：_____　　日期：_____

本科生毕业论文（设计）版权使用授权书

　　大连工业大学有权保留并向国家有关部门或机构送交毕业论文（设计）的复印件和电子版，允许毕业论文（设计）被查阅和借阅。本人授权大连工业大学可以将本人的本科毕业论文（设计）全部或部分内容编入有关数据库进行检索，可以采用影印、缩印或其他复印手段保存、汇编毕业论文（设计）。

论文（设计）作者签名：_____　　日期：_____

指 导 教 师 签 名：_____　　日期：_____

大连工业大学　　　届本科生毕业论文（设计）

> 注：页眉，居中，楷体，五号

> 注："摘要"是摘要部分的标题，不可省略；黑体，三号，居中，1.5倍行距，段后0.5行，段前0行；摘要之间空四格

摘　　要

　　摘要是毕业论文（设计）的缩影，文字要简练、明确。内容要包括目的、方法、结果和结论。单位采用国际标准计量单位制，除特别情况外，数字一律用阿拉伯数字。文中不允许出现插图。重要的表格可以写入。

　　摘要正文每段落首行缩进2个汉字；宋体，小四号，固定值20磅，段前、段后均0行，取消网格对齐选项。

　　摘要篇幅以一页为限，字数为400~500字。

关键词：写作规范；排版格式；毕业论文（设计）

> 注：黑体，小四号

> 注：摘要正文后，列出3~5个关键词，关键词与摘要之间空一行；宋体，小四号；关键词之间用分号间隔

大连工业大学　　　届本科生毕业论文（设计）

Abstract

　　外文摘要要求用英文书写，内容应与"中文摘要"对应。使用第三人称，最好采用现在时态编写。

　　"Abstract"不可省略。标题"Abstract"设置成 Times New Roman，居中，三号字体，1.5 倍行距，段后 0.5 行，段前 0 行。

　　Abstract 正文选用设置成每段落首行缩进 2 字，Times New Roman，小四号，固定值 20 磅，段前、段后均 0 行，取消网格对齐选项。

Key Words：Write Criterion；Typeset Format；Graduation Thesis(Project)

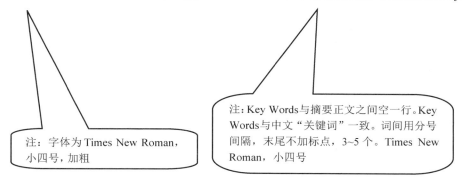

大连工业大学　　　届本科生毕业论文（设计）

目　　录

> 注：标题"目录"，黑体，小三号。
> 章、节标题和页码，宋体，小四号。
> 多倍行距1.25

摘　　要 ………………………………………………………………	Ⅱ
Abstract ………………………………………………………………	Ⅲ
引　　言 ………………………………………………………………	1
第1章　正文格式说明 ………………………………………………	2
1.1　论文格式的基本要求 …………………………………………	2
1.2　论文页眉、页码的编排 ………………………………………	2
1.3　各章节标题的格式 ……………………………………………	2
1.4　各章之间的分隔符设置 ………………………………………	3
第2章　图、表及公式的格式说明 …………………………………	4
2.1　图的格式说明 …………………………………………………	4
2.1.1　图的格式示例 ……………………………………………	4
2.1.2　图的格式描述 ……………………………………………	4
2.2　表的格式说明 …………………………………………………	5
2.2.1　表的格式示例 ……………………………………………	5
2.2.2　表的格式描述 ……………………………………………	5
2.3　公式的格式说明 ………………………………………………	6
2.3.1　公式的格式示例 …………………………………………	6
2.3.2　公式的格式描述 …………………………………………	6
第3章　量和单位的使用 ……………………………………………	7
第4章　规范表达的注意事项 ………………………………………	10
4.1　名词术语 ………………………………………………………	10
4.2　数字 ……………………………………………………………	10
4.3　外文字母 ………………………………………………………	10
4.3.1　斜体 ………………………………………………………	10
4.3.2　正体 ………………………………………………………	10
4.4　量和单位 ………………………………………………………	11
4.5　标点符号 ………………………………………………………	11
结　　论 ………………………………………………………………	12
致　　谢 ………………………………………………………………	13
参考文献 ………………………………………………………………	14
附录A　附录内容名称 ………………………………………………	17

大连工业大学　　　届本科生毕业论文（设计）

引　言

　　所有专业本科生的毕业论文（设计）应有"引言"的内容。如果引言部分省略，该部分内容在正文中单独成章，标题改为绪论，用足够的文字叙述。从引言开始，是正文的起始页，页码从 1 开始顺序编排。

　　针对做毕业设计：说明毕业设计的方案理解，阐述设计方法和设计依据，讨论对设计重点的理解和解决思路。

　　针对做毕业论文：说明论文的主题和选题的范围，对本论文研究主要范围内已有文献的评述，说明本论文所要解决的问题。建议与相关历史回顾、前人工作的文献评论、理论分析等相结合。

　　注意：是否如实引用前人的结果反映的是学术道德问题，应明确写出同行相近的和已取得的成果，避免抄袭之嫌。注意不要与摘要内容雷同。

　　书写格式说明：

　　（1）标题"引言"字体用黑体，居中，三号，1.5 倍行距，段前 0 行，段后 0.5 行。

　　（2）引言正文字体用宋体，小四号，行距取固定值 20 磅，段前、段后均 0 行，取消网格对齐选项。

注：页码，居中，底部，宋体，小五号，正文起始页页码为 1

大连工业大学　　　届本科生毕业论文（设计）

> 注：每一章均另起一页

第1章　正文格式说明

"正文"不可省略。

设计说明书或正文是毕业论文（设计）的主体，要着重反映设计或论文的工作，突出毕业设计的设计过程、设计依据及解决问题的方法；毕业论文重点要突出研究的新见解，如新思想、新观点、新规律、新研究方法、新结果等。

正文要求论点正确，推理严谨，数据可靠，文字精练，条理分明，文字图表规范、清晰和整齐。在论文的行文上，要注意语句通顺，达到科技论文所必须具备的"正确、准确、明确"的要求。计量单位采用国家技术监督局1993年发布的GB 3100～3102《量和单位》中规定的名称。各类单位、符号必须在论文中统一使用，外文字母必须注意大小写、正斜体。简化字采用正式公布过的，不能自造和误写。利用别人研究成果必须附加说明。引用前人材料必须引证原著文字。

1.1　论文格式的基本要求

（1）纸型：A4纸，单面打印。
（2）页边距：上2.54 cm，下2.54 cm，左3.18 cm，右3.18 cm。
（3）页眉：1.5 cm；页脚：1.7 cm，左侧装订。
（4）正文字体：宋体，小四号。
（5）行距：取固定值20磅，段前、段后均0行，取消网格对齐选项。

1.2　论文页眉、页码的编排

页眉：从摘要页开始一律设为"大连工业大学××××届本科生毕业论文（设计）"（楷体，五号，居中）。

页码：居中位于页脚，前置部分除扉页外用罗马数字单独编排；页码从前言开始用阿拉伯数字连续编排。

1.3　各章节标题的格式

第♯章　♯♯（三号，黑体，居中；1.5倍行距，段前0行，段后0.5行）
　1.1　♯♯（四号，黑体，顶格；1.5倍行距，段前0.5行，段后0行）

大连工业大学　　届本科生毕业论文（设计）

　　1.1.1　##（小四号，黑体，顶格；1.5 倍行距，段前 0.5 行，段后 0 行）
　　1.1.1.1　##（小四号，黑体，顶格；1.5 倍行距，段前 0 行，段后 0 行）
注：序号与文字之间空一格。

1.4　各章之间的分隔符设置

　　各章之间应重新分页，使用"分页符"进行分隔。

> 注：每一章均另起一页

第 2 章　图、表及公式的格式说明

　　图、表、公式等与正文之间要有一行的间距。文中的图、表、公式一律采用阿拉伯数字分章编号，例如，图 2.5，表 1.1，公式(5.1)。若图、表中有附注，则采用英文小写字母顺序编号。

2.1　图的格式说明

2.1.1　图的格式示例

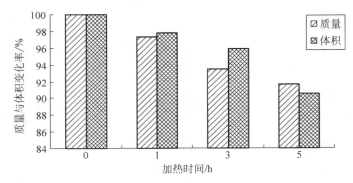

图 2.1　50℃加热不同时间鲍鱼的质量与体积变化

2.1.2　图的格式描述

1．图的绘制方法

（1）插图、照片应尽量通过扫描粘贴进本文。

（2）简单的文字图可用 Word 直接绘制，复杂的图考虑使用相应的图形绘制软件完成，以提高图形的表达质量。

2．图的位置

（1）图居中排列。

（2）图与上文之间应留一空行。

（3）图中若有附注，一律用阿拉伯数字和右半圆括号按顺序编排，如注 1)，附注写在图的下方。

3．图的版式

（1）"设置图片格式"的"版式"为"上下型"或"嵌入型"，不得"浮于文字之上"。
（2）图的大小尽量以一页的页面为限，不要超限，一旦超限要加续图。

4．图名的写法

（1）图名居中并位于图下，编号应分章编号，如图 2.1。
（2）图名与下文留一空行。
（3）图及其名称要放在同一页中，不能跨接两页。
（4）图内文字清晰、美观。
（5）图名设置为宋体，五号，居中。

2.2 表的格式说明

2.2.1 表的格式示例

表 2.1 统计表

产品	产量/台	销量/台	产值/万元	比重/%
手机	11 000	10 000	500	50
电视机	5 500	5 000	220	22
计算机	1 100	1 000	280	28
合计	17 600	16 000	1 000	100

2.2.2 表的格式描述

1．表的绘制方法

表需要直接在 Word 中插入，不能从其他地方复制并粘贴到 Word 中。

2．表的位置

（1）表格居中排列。
（2）表格与下文应留一行空格。
（3）表中若有附注，一律用阿拉伯数字和右半圆括号按顺序编排，如注 1），附注写在表的下方。

3．表的版式

表的大小尽量以一页的页面为限，不要超限，一旦超限要加续表。

4. 表名的写法

（1）表名应当在表的上方并且居中，编号应分章编号，如表 2.1、表 2.2。
（2）表名与上文留一空行。
（3）表及其名称要放在同一页中，不能跨接两页。
（4）表内文字全文统一，设置为宋体，五号。
（5）表名字体设置为宋体，五号，居中。
（6）按照专业特性，表的标题行中可适当加入辅助线。

2.3 公式的格式说明

2.3.1 公式的格式示例

定义公式的形式如下：

$$\text{LRI} = 1 \Bigg/ \sqrt{1 + \left(\frac{\mu_R}{\mu_S}\right)^2 \left(\frac{\delta_R}{\delta_S}\right)^2} \tag{2.1}$$

式中，μ_R 和 μ_S ——抗力和载荷效应的均值；
　　……

2.3.2 公式的格式描述

（1）公式整行右对齐，并调整公式与公式序号之间的距离，使公式部分居中显示。
（2）公式序号应按章编号，公式编号在行末列出，如(2.1)(2.2)。
（3）公式编号的字体为五号，宋体，其间不加虚线。
（4）公式应采用 Word 的公式编辑器进行编辑。

大连工业大学　　届本科生毕业论文(设计)

注：每一章均另起一页

第3章　量和单位的使用

（1）必须按照国家技术监督局1993年发布的GB 3100～3102《量和单位》，不得使用非法定及已废弃的计量单位及符号，如高斯(G和Gg)、亩、克分子浓度(M)、当量浓度(N)等。

（2）量和单位不用中文名称，而用法定符号表示。物理量符号、物理常量、变量符号用斜体，计量单位符号等均用正体。参考(GB 3100～3102—1993)。

（3）计量单位见表3.1～表3.4。

表3.1　SI基本单位

量的名称	单位名称	单位符号
长度	米	m
质量	千克(公斤)	kg
时间	秒	s
电流	安[培]	A
热力学温度	开[尔文]	K
物质的量	摩[尔]	mol
发光强度	坎[德拉]	cd

表3.2　包括SI辅助单位在内的具有专门名称的SI导出单位

量的名称	SI导出单位		
	名称	符号	用SI基本单位和SI导出单位表示
[平面]角	弧度	rad	$1\ rad = 1\ m/m = 1$
立体角	球面度	sr	$1\ sr = 1\ m^2/m^2 = 1$
频率	赫[兹]	Hz	$1\ Hz = 1\ s^{-1}$
力	牛[顿]	N	$1\ N = 1\ kg \cdot m/s^2$
压力,压强,应力	帕[斯卡]	Pa	$1\ Pa = 1\ N/m^2$
能[量],功,热量	焦[耳]	J	$1\ J = 1\ N \cdot m$
功率,辐[射能]通量	瓦[特]	W	$1\ W = 1\ J/s$
电荷[量]	库[仑]	C	$1\ C = 1\ A \cdot s$
电压,电动势,电位,(电势)	伏[特]	V	$1\ V = 1\ W/A$
电容	法[拉]	F	$1\ F = 1\ C/V$
电阻	欧[姆]	Ω	$1\ \Omega = 1\ V/A$
电导	西[门子]	S	$1\ S = 1\ \Omega^{-1}$

大连工业大学　　　届本科生毕业论文（设计）

续表

量的名称	SI 导出单位		
	名称	符号	用 SI 基本单位和 SI 导出单位表示
磁通[量]	韦[伯]	Wb	1 Wb=1 V·s
磁通[量]密度,磁感应强度	特[斯拉]	T	1 T=1 Wb/m²
电感	亨[利]	H	1 H=1 Wb/A
摄氏温度	摄氏度	℃	1 ℃=1 K
光通量	流[明]	lm	1 lm=1 cd·sr
[光]照度	勒[克斯]	lx	1 lx=1 lm/m²

表 3.3　SI 词头

因　数	词头名称		符　号
	英文	中文	
10^{24}	yotta	尧[它]	Y
10^{21}	zetta	泽[它]	Z
10^{18}	exa	艾[可萨]	E
10^{15}	peta	拍[它]	P
10^{12}	tera	太[拉]	T
10^{9}	giga	吉[咖]	G
10^{6}	mega	兆	M
10^{3}	kilo	千	k
10^{2}	hecto	百	h
10^{1}	deca	十	da
10^{-1}	deci	分	d
10^{-2}	centi	厘	c
10^{-3}	milli	毫	m
10^{-6}	micro	微	μ
10^{-9}	nano	纳[诺]	n
10^{-12}	pico	皮[可]	p
10^{-15}	femto	飞[母托]	f
10^{-18}	atto	阿[托]	a
10^{-21}	zepto	仄[普托]	z
10^{-24}	yocto	幺[科托]	y

大连工业大学　　　届本科生毕业论文（设计）

表 3.4　可与国际单位制单位并用的我国法定计量单位

量的名称	单位名称	单位符号	与 SI 单位的关系
时间	分	min	1 min＝60 s
	[小]时	h	1 h＝60 min＝3 600 s
	日,(天)	d	1 d＝24 h＝86 400 s
[平面]角	度	°	$1° = (\pi/180)$ rad
	[角]分	′	$1' = (1/60)° = (\pi/10\ 800)$ rad
	[角]秒	″	$1'' = (1/60)' = (\pi/648\ 000)$ rad
体积	升	L,(l)	$1\ L = 1\ dm^3 = 10^{-3}\ m^3$
质量	吨	t	$1\ t = 10^3$ kg
	原子质量单位	u	$1\ u \approx 1.660\ 540 \times 10^{-27}$ kg
旋转速度	转每分	r/min	$1\ r/min = (1/60)\ s^{-1}$
长度	海里	n mile	1 n mile＝1 852 m（只用于航行）
速度	节	kn	1 kn＝1 n mile/h＝(1 852/3 600) m/s（只用于航行）
能	电子伏	eV	$1\ eV \approx 1.602\ 177 \times 10^{-19}$ J
级差	分贝	dB	—
线密度	特[克斯]	tex	$1\ tex = 10^{-6}$ kg/m
面积	公顷	hm²	$1\ hm^2 = 10^4\ m^2$

> 注：每一章均另起一页

第4章 规范表达的注意事项

4.1 名词术语

应使用科学技术名词审定委员会审定的自然科学名词术语；应按有关的标准或规定使用工程技术名词术语；应使用公认共知的尚无标准或规定的名词术语。作者自拟的名词术语,在文中第一次出现时,须加注说明。表示同一概念或概念组合的名词术语,全文要前后一致。外国人名可使用原文,不必译出。一般的机关、团体、学校、研究机构和企业等的名称,在论文中第一次出现时必须写全称。

4.2 数字

数字的使用必须符合现行有效的国家标准 GB/T 15835—2011《出版物上数字用法》的规定。

4.3 外文字母

文中出现的易混淆的字母、符号及上、下标等,必须打印清楚或缮写工整。要严格区分外文字母的文种、大小写、正斜体和黑白体等。

4.3.1 斜体

斜体外文字母用于表示量的符号,主要用于下列场合：
(1) 变量符号、变动附标及函数。
(2) 用字母表示的数及代表点、线、面、体和图形的字母。
(3) 特征数符号,如 Re(雷诺数)、Fo(傅里叶数)、Al(阿尔芬数)等。
(4) 在特定场合中视为常数的参数。
(5) 矢量、矩阵用黑斜体。

4.3.2 正体

正体外文字母用于表示名称及与其有关的代号,主要用于下列场合：
(1) 有定义的已知函数(例如 sin,exp,ln 等)。

（2）其值不变的数学常数（例如 e＝2.718 281 8…）及已定义的算子。
（3）法定计量单位、词头和量纲符号。
（4）数学符号。
（5）化学元素符号。
（6）机具、仪器、设备和产品等的型号、代号及材料牌号。
（7）硬度符号。
（8）不表示量的外文缩写词。
（9）表示序号的拉丁字母。
（10）量符号中为区别其他量而加的具有特定含义的非量符号下角标。

4.4　量和单位

文中涉及的量和单位一律采用新的国家标准 GB 3100～3102—1993。

4.5　标点符号

标点符号的使用必须符合现行有效的国家标准 GB/T 15834—2011《标点符号用法》的规定。

大连工业大学　　届本科生毕业论文(设计)

结　　论

注：结论另起一页

结论是理论分析和试验结果的逻辑发展，是整篇论文的归宿。结论是在理论分析、试验结果的基础上，经过分析、推理、判断、归纳而形成的总观点。结论必须完整、准确、鲜明，并突出与前人不同的新见解。

书写格式说明：

标题"结论"选用模板中的样式所定义的"结论"，或者手动设置成黑体，居中，三号，1.5倍行距，段前0行，段后0.5行。

结论正文选用模板中的样式所定义的"正文"，每段落首行缩进2字；或者手动设置成每段落首行缩进2字，宋体，小四号，固定值20磅，段前、段后均0行。

大连工业大学　　　届本科生毕业论文(设计)

注：致谢另起一页

致　　谢

　　毕业论文(设计)的致谢中不得书写与毕业论文(设计)工作无关的人和事,对指导教师的致谢要实事求是。对其他在本研究工作中提出建议和给予帮助的老师和同学,应在论文中作明确的说明并表示谢意。这部分内容不可省略。

　　书写格式说明：

　　标题"致谢"设置成：黑体,居中,三号,1.5倍行距,段前0行,段后0.5行。

　　致谢正文每段首行缩进2字,宋体,小四号,行距固定值20磅,段前、段后均0行。

大连工业大学　　届本科生毕业论文（设计）

参考文献

注：参考文献另起一页

(1)"参考文献"四个字字体为黑体，三号，居中，1.5倍行距，段后0.5行；参考文献正文字体为宋体，五号，行间距取固定值20磅，段前、段后均0行，取消网格对齐选项。

(2)列出的参考文献限于作者直接阅读过的、最主要的且一般要求发表在正式出版物上的文献。参考文献的著录按文稿中的引用顺序排列，并在文内相应位置用阿拉伯数字（五号，宋体）置于"[ ]"中以上标的形式标注，如"产学研[1]"。不得将引用文献标识置于各级标题处。

(3)作者一律姓前名后（外文作者名可缩写），作者间用","间隔。作者少于3人的应全部写出，3人以上的只列出前3人，后加"等"或"et al."。

(4)文献类型标识参考国家标准GB/T 7714—2015，部分列于下表。

文献类型和标识代码

文 献 类 型	标 识 代 码
普通图书	M
会议录	C
汇编	G
报纸	N
期刊	J
学位论文	D
报告	R
标准	S
专利	P
数据库	DB
计算机程序	CP
电子公告	EB

几种主要参考文献的著录格式和示例如下：

(1)专著（包括普通图书、学位论文、会议文集、标准、丛书等）
格式：[序号]主要责任者.题名：其他题名信息[文献类型标识/文献载体标识].其他责任者.版本项.出版地：出版者，出版年：引文页码[引用日期].获取和访问路径.数字对象唯一标识符.
[1]　胡承正，周详，缪灵.理论物理概论：上[M].武汉：武汉大学出版社，2010：112.

[2] 库恩.科学革命的结构：第 4 版[M].金吾伦,胡新和,译.2 版.北京：北京大学出版社,2012.
[3] 全国信息与文献标准化技术委员会.信息与文献 都柏林核心元数据元素集：GB/T 25100—2010[S].北京：中国标准出版社,2010：2-3.
[4] 牛志明,斯温兰德,雷光春.综合湿地管理国际研讨会论文集[C].北京：海洋出版社,2012.
[5] 马欢.人类活动影响下海河流域典型区水循环变化分析[D/OL].北京：清华大学,2011：27[2013-10-14].http://www.cnki.net/kcms/detail/detail.aspx?dbcode=CDFD&QueryID=.0&CurRec=11&dbname=CDFDLAST2013&filename=1012035905.nh&uid=WEEvREcwSlJHSldTTGJhYlJRaEhGUXFQWVB6SGZXeisxdmVhV3ZyZkpoUnozeDE1b0paM0NmMjZiQ3p4TUdmcw=.

（2）专著中的析出文献

格式：[序号]析出文献主要责任者.析出文献题名[文献类型标识/文献载体标识].析出文献其他责任者//专著主要责任者.专著题名：其他题名信息.版本项.出版地：出版者,出版年：析出文献的页码[引用日期].获取和访问路径.数字对象唯一标识符.

[1] 程根伟.1998 年长江洪水的成因与减灾对策[M]//许厚泽,赵其国.长江流域洪涝灾害与科技对策.北京：科学出版社,1999：32-36.
[2] 马克思.政治经济学批判[M]//马克思,恩格斯.马克思恩格斯全集：第 35 卷.北京：人民出版社,2013：302.
[3] 贾东琴,柯平.面向数字素养的高校图书馆数字服务体系研究[C]//中国图书馆学会.中国图书馆学会年会论文集：2011 年卷.北京：国家图书馆出版社,2011：45-52.
[4] ROBERSON J A,BURNESON E G. Drinking water standards,regulations and goals[M/OL]//American Water Works Association. Water quality & treatment：a hand book on drinking water. 6thed. New York：Mc Graw-Hill,2011：1.1-1.36 [2012-12-10]. http://lib.myilibrary.com/Open.aspx?id=291430.

（3）连续出版物中的析出文献

格式：[序号]析出文献主要责任者.析出文献题名[文献类型标识/文献载体标识].连续出版物题名：其他题名信息,年,卷(期)：页码[引用日期].获取和访问路径.数字对象唯一标识符.

[1] 金显贺,王昌长,王忠东,等.一种用于在线检测局部放电的数字滤波技术[J].清华大学学报(自然科学版),1993,33(4)：62-67.

[2] 何龄修.读顾城《南明史》[J].中国史研究,1998(3):167-173.

(4) 专利文献

格式:[序号]专利申请者或所有者.专利题名:专利号[文献类型标识/文献载体标识].公告日期或公开日期[引用日期].获取和访问路径.数字对象唯一标识符.

[1] 邓一刚.全智能节电器:200610171314.3[P].2006-12-13.

[2] 西安电子科技大学.光折变自适应光外差探测方法:01128777.2[P/OL].2002-03-06［2002-05-28］.http://211.152.9.47/sipoasp/zljs-yx-new.asp?recid＝01128777.2&leixin＝0.

(5) 电子资源

格式:[序号]主要责任者.题名:其他题名信息[文献类型标识/文献载体标识].出版地:出版者,出版年:引文页码(更新或修改日期)[引用日期].获取和访问路径.数字对象唯一标识符.

[1] 萧钰.出版业信息化迈入快车道[EB/OL].(2001-12-19)[2002-04-15].http://www.creader.com/news/20011219/200112190019.html.

注意:书写参考文献时不要在一篇参考文献的段落中间换页。

大连工业大学　　　　届本科生毕业论文(设计)

> 注：附录另起一页

附录 A　附录内容名称

以下内容可放在附录之内：

（1）正文内过于冗长的公式推导。

（2）方便他人阅读所需的辅助性数学工具或表格。

（3）重复性数据和图表。

（4）论文使用的主要符号的意义和单位。

（5）程序说明和程序全文。

（6）调研报告。

这部分内容可省略。如果省略,则删掉此页。

书写格式说明：

标题"附录 A　附录内容名称"选用模板中的样式所定义的"附录"；或者手动设置成：黑体,居中,三号,1.5 倍行距,段前 0 行,段后 0.5 行。

附录正文每段首行缩进 2 字,宋体,小四号,行距固定值 20 磅,段前、段后均 0 行。

附录F

优秀毕业论文（设计）汇编排版规范要求

题目（三号，黑体，加黑，居中）

二级学院♯班级♯姓名（五号，仿宋体，居中）

指导教师♯姓名（五号，楷体，居中，与摘要间空一行）

摘要（黑体，五号，加黑）：摘要正文内容（宋体，小五号）

关键词（黑体，五号，加黑）：词（宋体，小五号，关键词间用分号隔开）

Abstract（Times New Roman，五号，加黑）：内容（Times New Roman，五号）

Key Words（Times New Roman，五号，加黑）：词（Times New Roman，五号，关键词间用分号隔开）

1　大标题（四号，黑体）

1.1　一级节标题（五号，黑体）

1.1.1 二级节标题（五号，宋体）

1.1.1.1 三级节标题（五号，宋体）

正文：♯♯♯♯♯♯♯♯（中文，五号，宋体；英文，五号，Times New Roman）

全文行间距及标题间距取单倍行距。

表1.1　表名（五号，仿宋体，居中）

_____

_____

_____

注：♯♯♯♯♯♯♯♯♯（六号，宋体）

图1.1　图名（五号，仿宋体，居中）

表格采用三线表（表内无斜线、竖线）。公式的编号用括号括起来置于右边行末，其间不加虚线。若图表有标注，则标注写在表格下方，缩进一格。图、表、公式（图、表中的文字为六号，宋体）等与正文之间要有0.5行的间距。

参考文献(小四号,黑体)

[1] ##(小五号,宋体)

纸型、页码及页边距

纸　　型：A4,上 2.54 cm,下 2.54 cm,左 3.18 cm,右 3.18 cm。

距边界：页眉 1.5 cm,页脚 1.7 cm。